JN297076

未来を切り開く学力シリーズ

改訂新版

中1〜中3

小河式(おごうしき)プリント
中学数学
基礎篇(きそへん)

大阪府教育委員・
小河学習館館長

小河 勝(おごう まさる)

文藝春秋

未来を切り開く学力シリーズ

改訂新版

中1～中3

小河式プリント 中学数学 基礎篇
（おごうしき）（きそへん）

大阪府教育委員・
小河学習館館長

小河 勝
（おごう まさる）

文藝春秋

未来を切り開く学力シリーズ発刊によせて

大阪府教育委員・小河学習館館長　小河　勝
(おごう　まさる)

　みなさんの将来の夢はなんでしょうか。小学校時代からのさまざまな経験、体験から憧(あこが)れの職業があるはずです。自分の好きな道に進むことは素晴(すば)らしいことです。

　でも、学校の授業がわからない、成績がいまひとつということで不安に思っている人もいるかもしれません。大丈夫です。「未来を切り開く学力」シリーズは、中学生から、自分で将来を決定できる学力をつけるための問題集です。

　学校の授業がわからないのは、みなさんのせいではありません。数学について言えば、1970年代から一貫して、たし算、ひき算、かけ算、わり算の基本的な計算の練習時間が、小学校の授業時間から減っていってしまったためなのです。数学はつみあげの学問です。土台がしっかりしていないから、つみあがっていかないのです。

　文部科学省の調査でも、また私の独自の調査でも、中学に進む子どもたちのうち約9割が、小学校段階の算数でつまずいています。だから、わからないということはまったく恥ずかしいことではありません。

　これまでの中学生向けの問題集は、小学校段階の算数ができているものとして、つくられていました。しかし、この問題集はちょっと違います。

　まず、「学力審査篇(しんさへん)」の「小河式算数チェックテスト(おごうしき)」によって、自分が小学校時代の算数で、どの部分が弱いのかを判定します。テストの結果に応じて、「算数スピード攻略篇(こうりゃくへん)」のどの部分を学習すればよいかがわかるようになっているのです。

このようにして、小学校時代の算数を復習しながら、同時に「一次方程式スピード攻略篇」で、中学生で習う数学の最大の土台である一次方程式の文章題までを、1カ月で確実にマスターできるようにつくってあります。

　この問題集の使い方については、チャート図（6〜7ページ）にまとめてわかりやすく解説していますので参照してください。勉強の時間の最初に、百ます計算やわり算Ａ・Ｂ・Ｃ型などの「基礎反復練習篇」で脳を活性化させ集中力を高めてから学習に入るというメソッドをとっているのも、この問題集の特長です。

　この問題集は、中学1年生でも2年生でも、3年生でもできるようにつくってあります。受験をひかえ、なかなか数学の点数があがらない3年生も、ぜひ取り組んでみてください。必ず効果があり、この問題集であつかっていない数学の他の問題もわかるようになってきます。

　さらに「未来を切り開く学力シリーズ」の数学は、橋野篤先生の『中学数学発展篇』へとつながっていきます。本書『小河式プリント　中学数学基礎篇』に続いて『発展篇』の4冊、『方程式と関数』『図形』『確率・統計と総まとめ』『入試実践』をやり切れば、高校入試に必要な数学力はもちろん、将来にわたって役に立つ論理的な思考力を身につけることができます。シリーズを何度もくり返し、みなさん自身の手で未来を切り開いていってください。

中学数学基礎篇・発展篇 [改訂新版] の見取り図

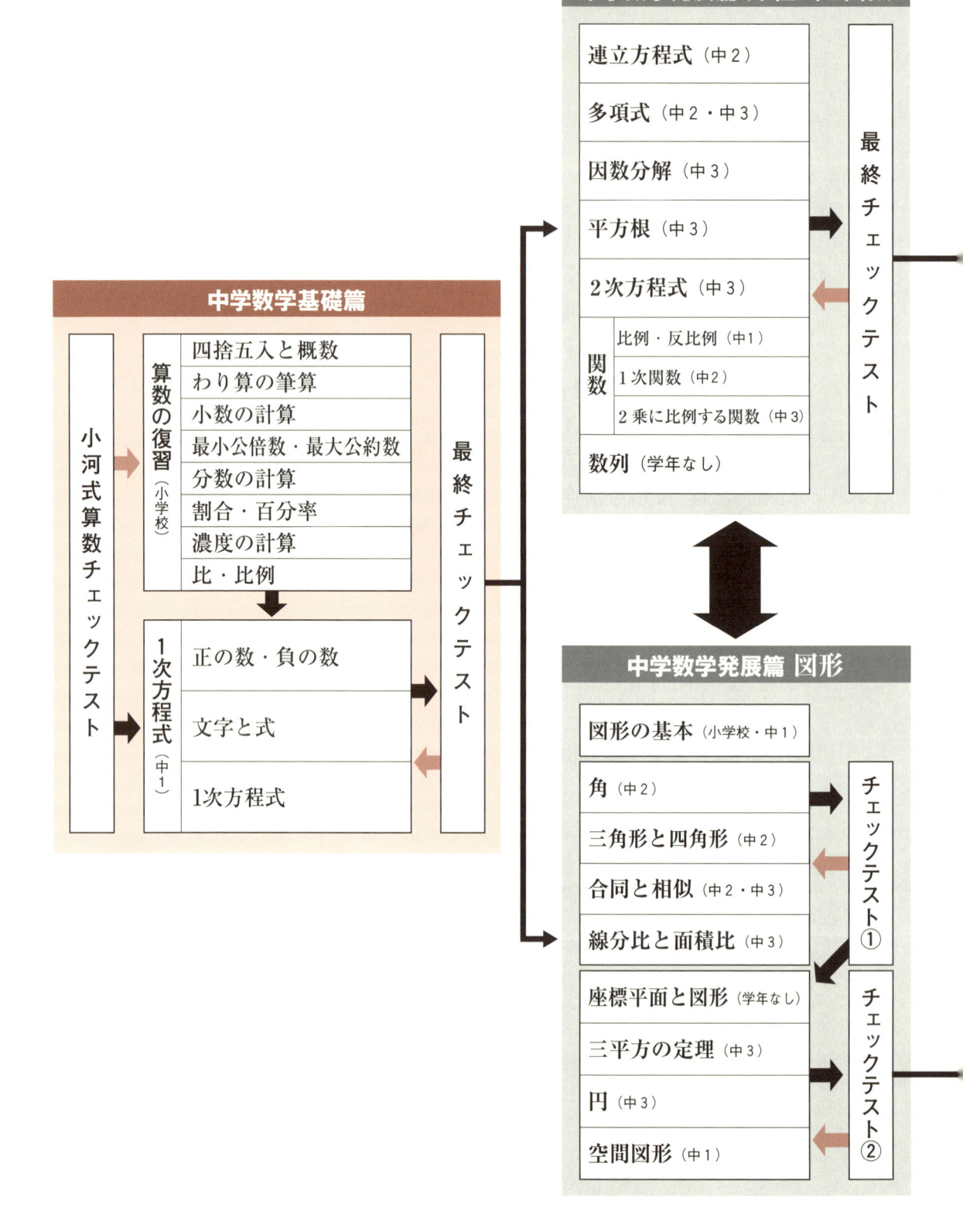

中学数学発展篇 方程式と関数

- 連立方程式（中2）
- 多項式（中2・中3）
- 因数分解（中3）
- 平方根（中3）
- 2次方程式（中3）
- 関数
  - 比例・反比例（中1）
  - 1次関数（中2）
  - 2乗に比例する関数（中3）
- 数列（学年なし）

→ 最終チェックテスト

中学数学基礎篇

小河式算数チェックテスト

- 算数の復習（小学校）
  - 四捨五入と概数
  - わり算の筆算
  - 小数の計算
  - 最小公倍数・最大公約数
  - 分数の計算
  - 割合・百分率
  - 濃度の計算
  - 比・比例
- 1次方程式（中1）
  - 正の数・負の数
  - 文字と式
  - 1次方程式

→ 最終チェックテスト

中学数学発展篇 図形

- 図形の基本（小学校・中1）
- 角（中2）
- 三角形と四角形（中2）
- 合同と相似（中2・中3）
- 線分比と面積比（中3）

→ チェックテスト①

- 座標平面と図形（学年なし）
- 三平方の定理（中3）
- 円（中3）
- 空間図形（中1）

→ チェックテスト②

『未来を切り開く学力シリーズ』の数学の問題集は全部で5冊で，小学校の算数レベルの基礎から高校入試の上位校レベルまで，家庭学習だけで到達できるようにつくられたシリーズです。

　5冊の関係は図のようになります。目的に応じて，どこからでも始めることができます。たとえば，1次方程式までは大丈夫という人は，発展篇の『方程式と関数』から始めてもかまいません。ただし，数学はつみあげの教科です。以前に学んだ内容がしっかり習得されていないと，解説を読んでも理解できない場合があります。

　シリーズでは，新しい単元を解説する際に，以前学んだどの単元を理解しておく必要があるかを「復習チェック」でわかるようにしました。たとえば「多項式の計算」を学んでいるときに，「約分」や「通分」の意味を忘れてしまった人は，この「復習チェック」で「約分」や「通分」の単元が『基礎篇』のどのページにあるか，わかるようになっています。

　このようにして，場合によっては戻り，復習・確認していくことで，強固なピラミッドができあがってきます。その意味で，シリーズの5冊はそれぞれ密接につながっているのです。

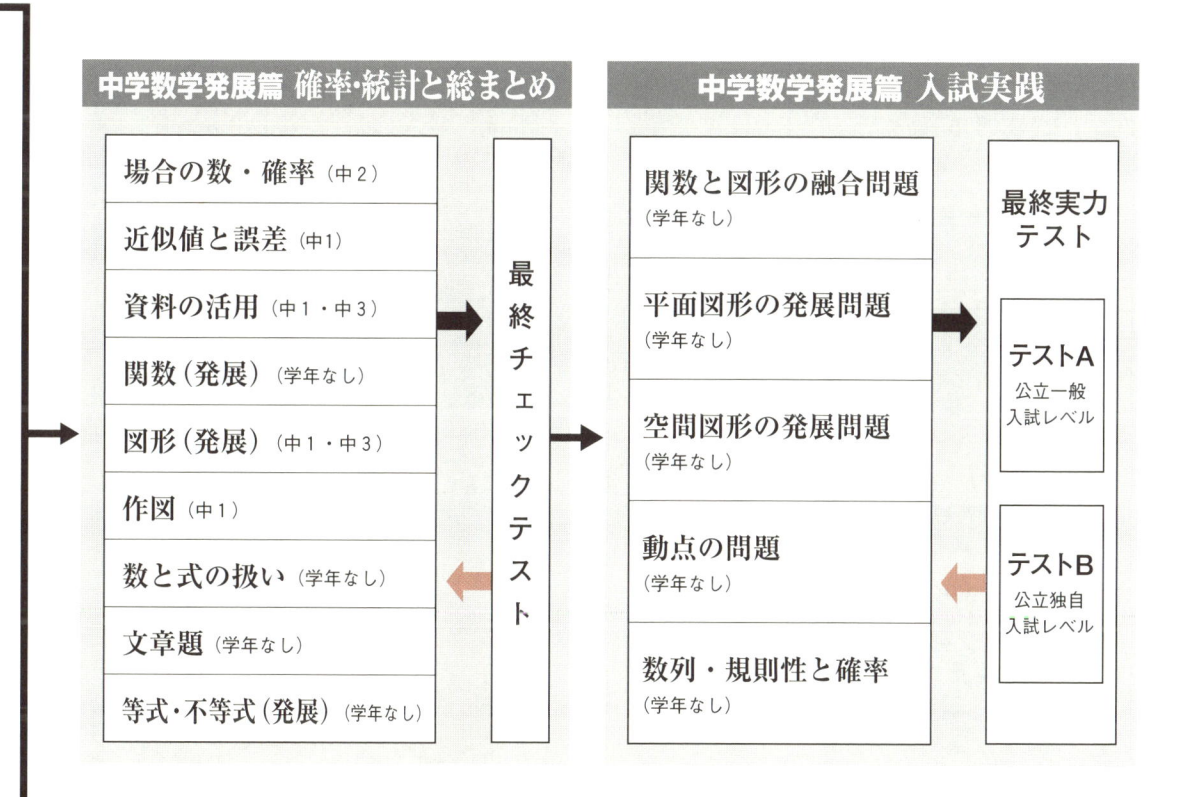

中学数学発展篇 確率・統計と総まとめ

- 場合の数・確率（中2）
- 近似値と誤差（中1）
- 資料の活用（中1・中3）
- 関数（発展）（学年なし）
- 図形（発展）（中1・中3）
- 作図（中1）
- 数と式の扱い（学年なし）
- 文章題（学年なし）
- 等式・不等式（発展）（学年なし）

最終チェックテスト

中学数学発展篇 入試実践

- 関数と図形の融合問題（学年なし）
- 平面図形の発展問題（学年なし）
- 空間図形の発展問題（学年なし）
- 動点の問題（学年なし）
- 数列・規則性と確率（学年なし）

最終実力テスト
- テストA　公立一般入試レベル
- テストB　公立独自入試レベル

➡ 学習進路
⬅ 弱点分野を復習

「小河式プリント 中学数学基礎篇」の使い方

この問題集の特長

① 「小河式算数チェックテスト」で、今の自分の弱点がわかる。
② 「百ます計算」または「わり算A・B・C型」を毎日続けることで、計算力と集中力が高まる。
③ 「算数スピード攻略篇」によって、小学校段階のつまずきを最速で克服。
④ 同時に"3・3システム"を使った「一次方程式スピード攻略篇」で、中学数学の土台である一次方程式の文章題までを、1カ月で確実に習得する！

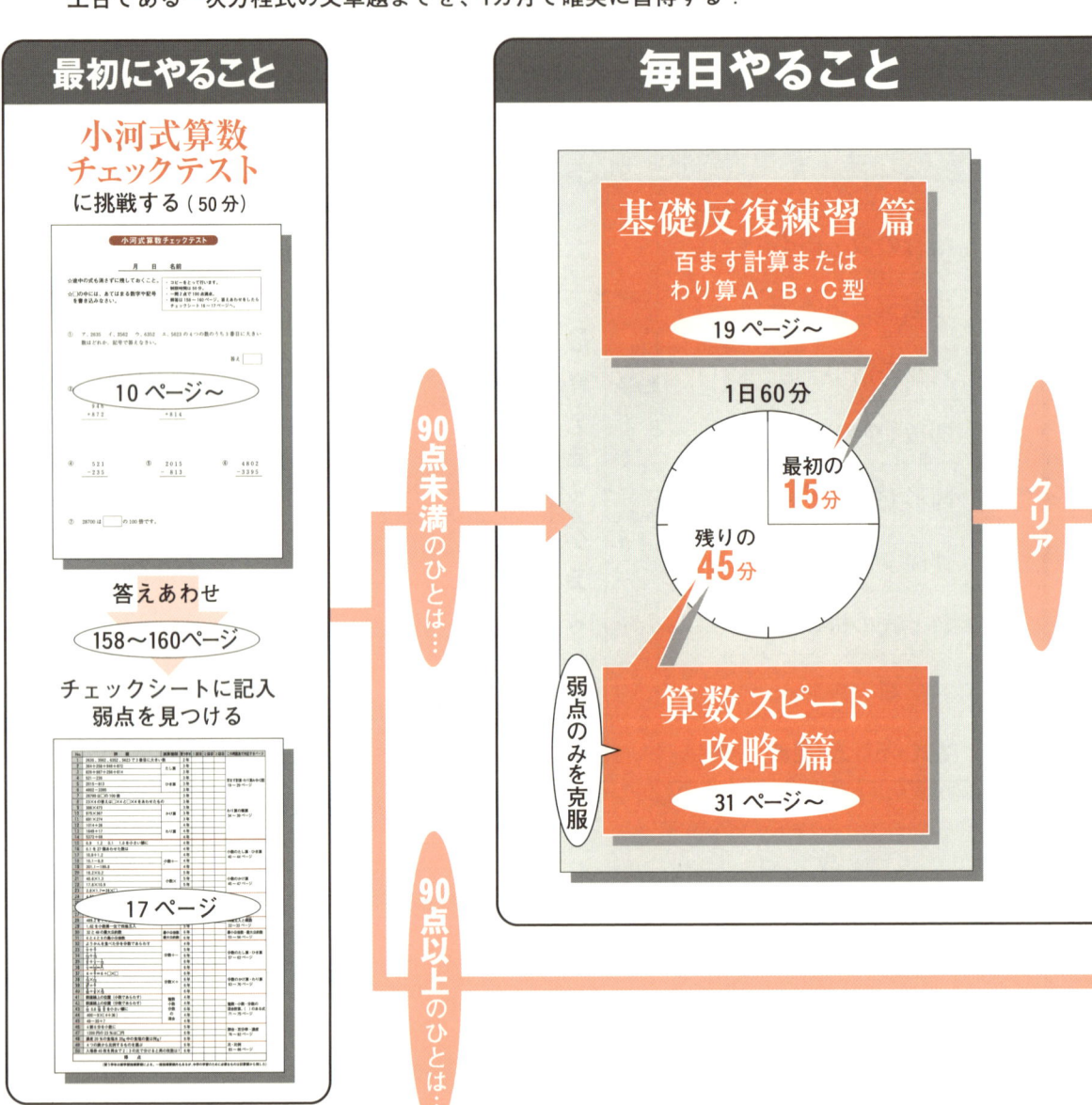

最初にやること

小河式算数チェックテスト
に挑戦する（50分）

10ページ～

答えあわせ
158～160ページ

チェックシートに記入
弱点を見つける

17ページ

毎日やること

基礎反復練習 篇
百ます計算または
わり算A・B・C型
19ページ～

1日60分
最初の **15分**
残りの **45分**

算数スピード攻略 篇
31ページ～

90点未満のひとは… → 弱点のみを克服 → クリア

90点以上のひとは…

約1カ月

もし、わからないところがあれば、学校の先生に聞きましょう。
わからないということは、恥ずかしいことではありません。
質問することで理解もより深まります。

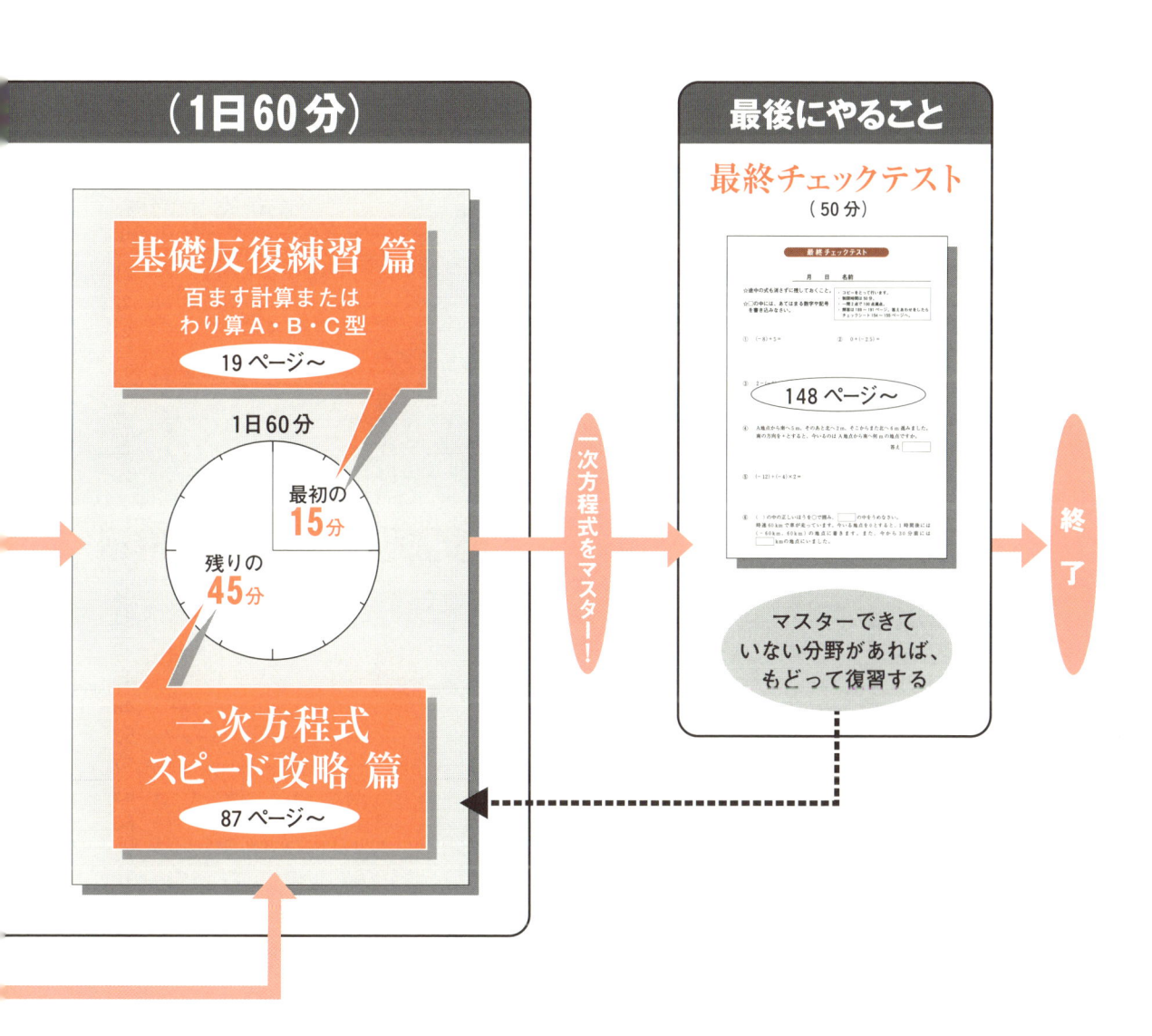

（1日60分）

基礎反復練習 篇
百ます計算または
わり算A・B・C型
19ページ〜

1日60分
最初の **15分**
残りの **45分**

一次方程式 スピード攻略 篇
87ページ〜

一次方程式をマスター！

最後にやること

最終チェックテスト
（50分）

148ページ〜

マスターできて
いない分野があれば、
もどって復習する

終了

で完了

目　次

未来を切り開く学力シリーズ発刊によせて 2
中学数学基礎篇・発展篇［改訂新版］の見取り図 4
「小河式プリント　中学数学基礎篇」の使い方 6

学力審査 篇

小河式算数チェックテスト 10
チェックシート 16

基礎反復練習 篇

「基礎反復練習篇」の使い方 20

百ます計算の意味 21
 百ます計算❶ 22
 百ます計算❷ 24

わり算A・B・C型の意味 26
 わり算A型 27
 わり算B型 28
 わり算C型 29

算数スピード攻略 篇

1　四捨五入と概数 32
2　わり算の筆算 34
3　小数のたし算・ひき算 40
4　小数のかけ算 45
5　小数のわり算 48
6　最小公倍数・最大公約数 53
7　分数のたし算・ひき算 57
8　分数のかけ算 63
9　分数のわり算 66
10　整数・小数・分数の混合計算、（　）のある式 71
11　割合・百分率（％） 76
12　濃度の計算 80
13　比・比例 83

一次方程式スピード攻略 篇

「3・3システム」のやり方 88

正の数・負の数

1　加法 90
2　減法 92
3　3数以上の加法・減法 94
4　乗法・除法 96
5　累乗 98

6 四則の混じった計算①	100
7 四則の混じった計算②（累乗）	102
8 ｛ ｝のある式	104

文字と式
9 乗法①	106
10 乗法②（累乗）	108
11 除法	110
12 四則混合計算	112
13 同類項の計算	114
14 代入計算①	116
15 代入計算②	118

一次方程式（基本）
16 $ax=b$	120
17 $ax+bx=c$、$ax+bx=c+d$	122
18 $ax+b=c$	124
19 $ax=bx+c$	126
20 $ax+b=cx+d$	128
21 x の係数が小数の一次方程式	130
22 （ ）のある一次方程式	132
23 誤りやすい問題	134

一次方程式（分数・混合）
24 $ax=b$ で、a、b が分数の場合	136
25 $ax+b=c$ で、a、b、c が分数の場合	138
26 $ax+b=cx+d$ で、a、b、c、d が分数の場合	140
27 小数・分数の混じった一次方程式	142
28 分子が $ax+b$ の形の一次方程式	144

到達度調査 篇

最終チェックテスト	148
最終チェックシート	154

解答 篇

小河式算数チェックテスト	158
基礎反復練習 篇	161
百ます計算❶ 161 ／ 百ます計算❷ 162 ／ わり算A型 163 ／ わり算B型 164 ／ わり算C型 165	
算数スピード攻略 篇	166
一次方程式スピード攻略 篇	174
最終チェックテスト	189

学力審査篇　小河式算数チェックテスト

月　　日　　名前　＿＿＿＿＿＿＿＿＿＿＿＿＿＿＿＿＿＿

☆途中の式も消さずに残しておくこと。

☆□の中には、あてはまる数字や記号を書き込みなさい。

- コピーをとって行います。
- 制限時間は50分。
- 一問2点で100点満点。
- 解答は158～160ページ。答えあわせをしたらチェックシート16～17ページへ。

① ア、2635　イ、3562　ウ、6352　エ、5623 の4つの数のうち3番目に大きい数はどれか、記号で答えなさい。

答え □

②
```
   364
   258
   946
 + 872
```

③
```
   826
   987
   256
 + 814
```

④
```
   521
 - 235
```

⑤
```
  2015
 - 813
```

⑥
```
  4802
 -3395
```

⑦　28700 は □ の100倍です。

⑧ 23×4の答えは □ ×4と □ ×4の答えをたした数です。

⑨ 　　386
　　×473

⑩ 　　975
　　×367

⑪ 　　691
　　×274

⑫ 26) 1014

⑬ 17) 1649

⑭ 68) 5372

⑮ 次の数を小さいものから順に、ア～エの記号でならべて書きなさい。
　　ア、0.9　　　イ、1.2　　　ウ、0.1　　　エ、1.0

　　答え □ → □ → □ →

⑯ 0.1を27個あわせた数を書きなさい。

　　　　　　　　　　　　　　　　　答え □

⑰ 10.8＋1.2＝

⑱　10.1−8.9＝

⑲　201.1−199.8＝

⑳　18.2×0.2＝　　㉑　40.6×1.3＝　　㉒　17.6×10.9＝

㉓　2.8×1.7＝28×□

㉔　1.2) 4.56　　㉕　0.8) 6.32　　㉖　0.09) 2.61

㉗　1.4÷0.35＝□÷35

㉘　489.2 を十の位で四捨五入すると □ です。

㉙　1.62 を小数第一位で四捨五入すると □ です。

㉚　32 と 48 の最大公約数はいくつですか。　　答え □

㉛　6 と 4 と 9 の最小公倍数はいくつですか。　　答え □

㉜　右の図のように、ようかんを食べました。食べた分を分数であらわしなさい。

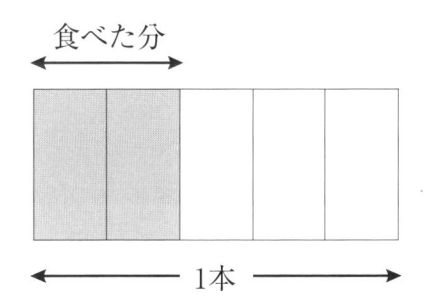

答え □

㉝　$\dfrac{1}{7} + \dfrac{4}{7} =$

㉞　$\dfrac{7}{12} + \dfrac{2}{15} =$

㉟　$\dfrac{3}{8} + \dfrac{1}{4} - \dfrac{1}{12} =$

㊱　$\dfrac{1}{3} = \dfrac{\Box}{12} = \dfrac{8}{\Box}$　　（答えは整数）

㊲　$6 \div \frac{5}{7} = 6 \div \square \times \square$　（答えは整数）

㊳　$\frac{3}{14} \times \frac{7}{12} =$

㊴　$\frac{16}{21} \div \frac{4}{7} =$

㊵　$\frac{9}{32} \div \frac{3}{8} \times \frac{5}{12} =$

㊶　下の数直線の（ア）の位置を小数であらわすと□です。

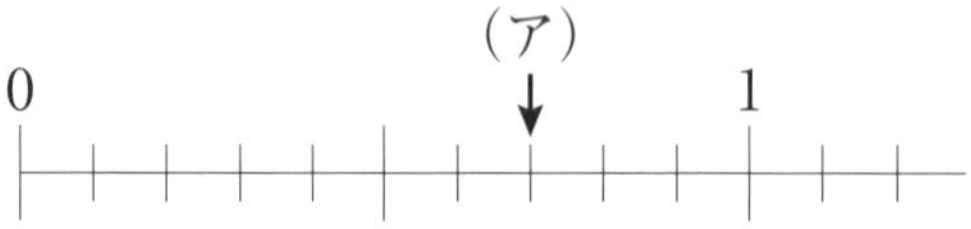

㊷　上の数直線の（ア）の位置を分数であらわすと□です。

㊸　次の数を小さいものから順に、ア～エの記号でならべなさい。

ア、$\frac{7}{12}$　　イ、0.6　　ウ、$\frac{11}{18}$　　エ、$\frac{5}{9}$

答え　□ → □ → □ → □

㊹　$400 - 9 \times (4 + 36) =$

㊺　$49 - 35 \div 7 =$

㊻　4割6分を小数であらわすと□です。

㊼　1200円の23％は □ 円です。

㊽　濃度が20％の食塩水が35gあります。この中の食塩の量は何gですか。

答え □

㊾　下の表でxとyが比例しているものの記号に〇をつけなさい。

ア

| 弟の年齢　x | 3 | 6 | 9 | 12 | 15 |
| 兄の年齢　y | 6 | 9 | 12 | 15 | 18 |

イ

| 画用紙の枚数　x | 4 | 6 | 8 | 10 | 12 |
| 画用紙の代金　y | 60 | 90 | 120 | 150 | 180 |

ウ

| 横の長さ　x | 1 | 2 | 3 | 4 | 5 |
| 長方形の面積　y | 8 | 16 | 24 | 32 | 40 |

エ

| かかった時間　x | 1 | 2 | 3 | 4 | 5 |
| 速さ　y | 120 | 60 | 40 | 30 | 24 |

㊿　音楽会の入場券40枚を、男子と女子で2:3の比で分けることにしました。男子の分は何枚ですか。

答え □

■ チェックシートで自分の弱点を知ろう ■

　「小河式算数チェックテスト」は小学校で習う、最も標準的な問題を50問選んでつくってあります。原則として、同じ分野の問題を連続させてならべてあります。コピーをとって行います。制限時間は50分。

　終了後、158〜160ページの解答を見て答えあわせをします。一問2点で100点満点になります。その結果を右のチェックシートに書き込みます。まちがった問題の箇所は黒く塗りつぶしましょう。

　<u>黒い部分があなたの弱点です。</u>

　チェックシートの右はしには、この問題集の「算数スピード攻略篇」の対応ページが記してありますから、この弱点部分のみ取り組めばいいわけです。

　90点以上のひとは、まず小学校段階の算数には問題はないと考えていいでしょう。90点未満のひとは、弱点を補強しておく必要があります。

　数学の家庭学習の時間を毎日1時間とるとして、そのスケジュールは下の表のようになります。

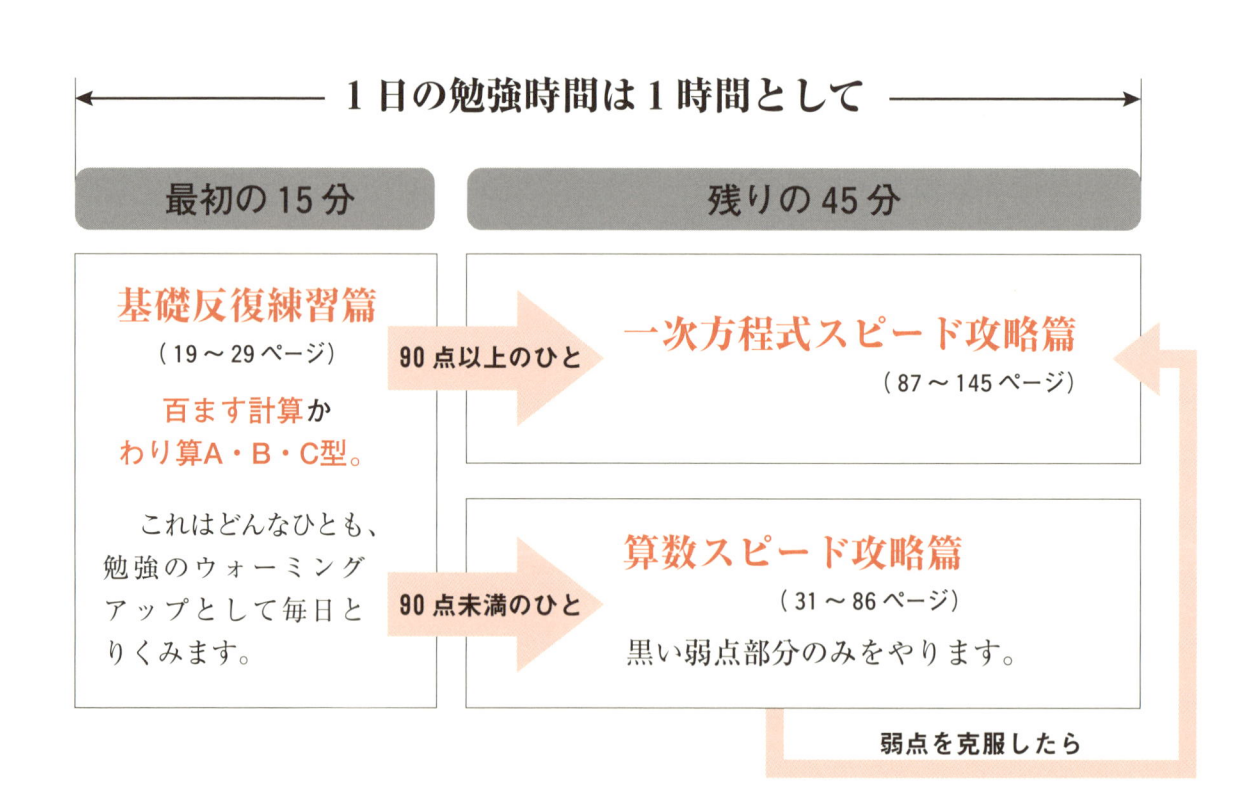

1日の勉強時間は1時間として

最初の15分

基礎反復練習篇
（19〜29ページ）

**百ます計算か
わり算A・B・C型。**

これはどんなひとも、勉強のウォーミングアップとして毎日とりくみます。

残りの45分

90点以上のひと →

一次方程式スピード攻略篇
（87〜145ページ）

90点未満のひと →

算数スピード攻略篇
（31〜86ページ）

黒い弱点部分のみをやります。

弱点を克服したら

No.	問題	演算種類	学年	1回目	2回目	3回目	この問題集で対応するページ
1	2635、3562、6352、5623 で 3 番目に大きい数		2年				百ます計算・わり算A・B・C型 19 〜 29 ページ
2	364＋258＋946＋872	たし算	3年				
3	826＋987＋256＋814		3年				
4	521－235	ひき算	3年				
5	2015－813		3年				
6	4802－3395		3年				
7	28700 は □ の 100 倍		3年				わり算の筆算 34 〜 39 ページ
8	23×4 の答えは □×4 と □×4 をあわせたもの		3年				
9	386×473	かけ算	3年				
10	975×367		3年				
11	691×274		3年				
12	1014÷26	わり算	4年				
13	1649÷17		4年				
14	5372÷68		4年				
15	0.9　1.2　0.1　1.0 を小さい順に		4年				小数のたし算・ひき算 40 〜 44 ページ
16	0.1 を 27 個あわせた数は		4年				
17	10.8＋1.2		4年				
18	10.1－8.9	小数＋－	4年				
19	201.1－199.8		4年				
20	18.2×0.2		5年				小数のかけ算 45 〜 47 ページ
21	40.6×1.3	小数×	5年				
22	17.6×10.9		5年				
23	2.8×1.7＝28×□		5年				
24	4.56÷1.2		5年				小数のわり算 48 〜 52 ページ
25	6.32÷0.8	小数÷	5年				
26	2.61÷0.09		5年				
27	1.4÷0.35＝□÷35		5年				
28	489.2 を十の位で四捨五入	四捨五入	5年				四捨五入と概数 32〜33 ページ
29	1.62 を小数第一位で四捨五入		5年				
30	32 と 48 の最大公約数	最小公倍数 最大公約数	6年				最小公倍数・最大公約数 53 〜 56 ページ
31	6 と 4 と 9 の最小公倍数		6年				
32	ようかんを食べた分を分数であらわす		4年				分数のたし算・ひき算 57 〜 62 ページ
33	$\frac{1}{7}+\frac{4}{7}$		5年				
34	$\frac{7}{12}+\frac{2}{15}$	分数＋－	6年				
35	$\frac{3}{8}+\frac{1}{4}-\frac{1}{12}$		6年				
36	$\frac{1}{3}=\frac{\square}{12}=\frac{8}{\square}$		6年				
37	$6÷\frac{5}{7}=6÷\square×\square$		6年				分数のかけ算・わり算 63 〜 70 ページ
38	$\frac{3}{14}×\frac{7}{12}$	分数×÷	6年				
39	$\frac{16}{21}÷\frac{4}{9}$		6年				
40	$\frac{9}{32}÷\frac{3}{8}×\frac{5}{12}$		6年				
41	数直線上の位置（小数であらわす）	整数 小数 分数 の 混合	4年				整数・小数・分数の 混合計算、( )のある式 71 〜 75 ページ
42	数直線上の位置（分数であらわす）		4年				
43	$\frac{7}{12}$　0.6　$\frac{11}{18}$　$\frac{5}{9}$ を小さい順に		6年				
44	400－9×(4＋36)		4年				
45	49－35÷7		4年				
46	4 割 6 分を小数に		5年				割合・百分率・濃度 76 〜 82 ページ
47	1200 円の 23 ％は □ 円		6年				
48	濃度 20 ％の食塩水 35g 中の食塩の量は何g?		6年				
49	4 つの表から比例するものを選ぶ		6年				比・比例 83 〜 86 ページ
50	入場券 40 枚を男女で 2：3 の比で分けると男の枚数は?		6年				
	得　　　点						

基礎反復練習 篇

■「基礎反復練習篇」の使い方 ■

　「基礎反復練習篇」は、勉強を始める前のウォーミングアップとして、毎日行いましょう。「百ます計算」を2週間、「わり算A・B・C型」を各1週間ずつで3週間、合計5週間で終えるというのが基本的なメニューです。

百ます計算

1日1セット

百ます計算 **1**
22〜23ページ

百ます計算 **2**
24〜25ページ

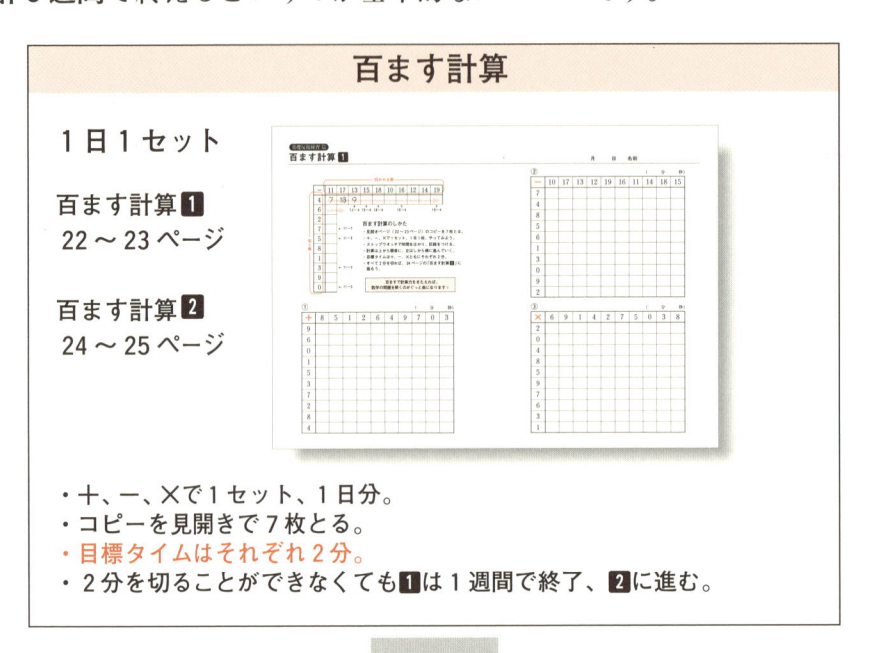

- ＋、−、×で1セット、1日分。
- コピーを見開きで7枚とる。
- 目標タイムはそれぞれ2分。
- 2分を切ることができなくても **1** は1週間で終了、**2** に進む。

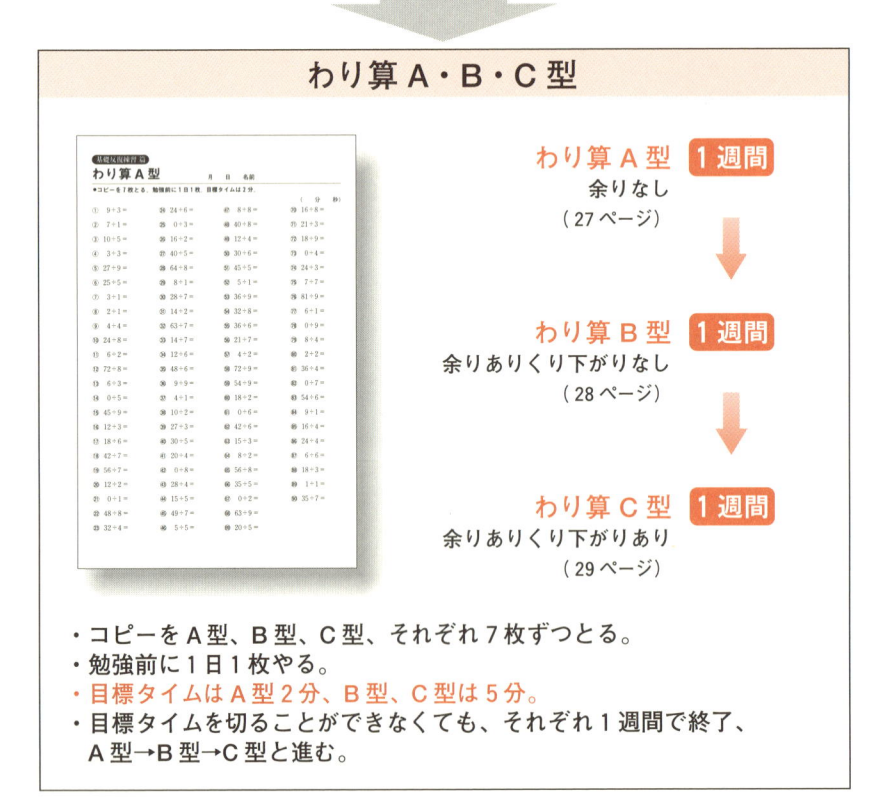

2週間

わり算A・B・C型

わり算A型 1週間
余りなし
（27ページ）

わり算B型 1週間
余りありくり下がりなし
（28ページ）

わり算C型 1週間
余りありくり下がりあり
（29ページ）

- コピーをA型、B型、C型、それぞれ7枚ずつとる。
- 勉強前に1日1枚やる。
- 目標タイムはA型2分、B型、C型は5分。
- 目標タイムを切ることができなくても、それぞれ1週間で終了、A型→B型→C型と進む。

3週間

百ます計算の意味

　数学の基本はすべてこの百ます計算から始まるといっても過言ではありません。
　下のわり算の図を見てください。
　18252÷78を分解すると、最低でも、たし算が3回、ひき算が4回、かけ算が6回入っています。これらを瞬時に正確に実行していかなくては、この問題は解けないわけです。
　百ます計算は、この基本的な＋、－、×を正確に速くできるようにするためのものです。これがそれぞれ2分以内にできるようになれば、ほかの数学の問題を解くのも、ぐっと楽になってくるのです。
　さらに、この百ます計算や次のわり算A・B・C型を勉強前に行うと、頭がすっきりし、集中力が増します。こうしたことは、脳の専門家である川島隆太教授（東北大学・未来科学技術共同研究センター）などの実験により証明されています。

18252÷78を解く

```
          234
      ┌────────
   78 ) 18252
          156      ……… 8×2, 7×2, 14＋1
         ─────
          265      ……… 12－6, 17－15
          234      ……… 8×3, 7×3, 21＋2
         ─────
          312      ……… 5－4, 26　23
          312      ……… 8×4, 7×4, 28＋3
         ─────
            0
```

基礎反復練習 篇
百ます計算 1

−	11	17	13	15	18	10	16	12	14	19
4	7	13	9							
6										
2										
7										
5										
8										
1										
3										
9										
0										

引かれる数 / 引く数

↑13−4　↑15−4　↑18−4　　　↑16−4　　　　　　↑19−4
← 11−7
← 11−5
← 11−3
← 11−0

百ます計算のしかた

・見開きページ（22〜23ページ）のコピーを7枚とる。
・＋、−、×で1セット。1日1枚、やってみよう。
・ストップウオッチで時間をはかり、記録をつける。
・計算は上から順番に、左はしから横に進んでいく。
・目標タイムは＋、−、×ともにそれぞれ2分。
・すべて2分を切れば、24ページの「百ます計算 2」に進もう。

百ますで計算力をきたえれば、数学の問題を解くのがぐっと楽になります！

① 　　　　　　　　　　　　　　　　　　（　　分　　秒）

＋	8	5	1	2	6	4	9	7	0	3
9										
6										
0										
1										
5										
3										
7										
2										
8										
4										

月　　　日　　名前

② 　　　　　　　　　　　　　　　　　　　　　（　分　秒）

−	10	17	13	12	19	16	11	14	18	15
7										
4										
8										
5										
6										
1										
3										
0										
9										
2										

③ 　　　　　　　　　　　　　　　　　　　　　（　分　秒）

×	6	9	1	4	2	7	5	0	3	8
2										
0										
4										
8										
5										
9										
7										
6										
3										
1										

基礎反復練習 篇
百ます計算 2

−	11	17	13	15	18	10	16	12	14	19
4	7	13	9							
6										
2										
7										
5										
8										
1										
3										
9										
0										

引かれる数 / 引く数

13−4　15−4　18−4　16−4　19−4
← 11−7
← 11−5
← 11−3
← 11−0

百ます計算のしかた

- 見開きページ（24 〜 25 ページ）のコピーを 7 枚とる。
- ＋、−、×で 1 セット。1 日 1 枚、やってみよう。
- ストップウオッチで時間をはかり、記録をつける。
- 計算は上から順番に、左はしから横に進んでいく。
- 目標タイムは＋、−、×ともにそれぞれ 2 分。
- すべて 2 分を切れば、26 ページの「わり算 A・B・C 型」に進もう。

百ますで計算力をきたえれば、
数学の問題を解くのがぐっと楽になります！

① 　　　　　　　　　　　　　　　　（　　分　　秒）

＋	3	1	9	7	5	4	6	0	8	2
8										
4										
9										
0										
6										
3										
2										
5										
1										
7										

月　　　日　　名前

② 　　　　　　　　　　　　　　　　　　　　　　　　（　分　秒）

−	17	15	16	14	18	19	10	12	13	11
6										
9										
7										
1										
3										
4										
2										
8										
0										
5										

③ 　　　　　　　　　　　　　　　　　　　　　　　　（　分　秒）

×	2	8	0	3	1	7	9	4	6	5
5										
3										
1										
8										
0										
7										
9										
2										
4										
6										

わり算A・B・C型の意味

　ここでのわり算は3つのパターンに分けられます。A型、B型、C型、それぞれ7枚ずつコピーをとって、1日1枚、勉強を始める前にやってみましょう。A型1週間、B型1週間、C型1週間の合計3週間で終わります。

①余りのないわり算＝A型

　例）　6÷3＝2　　27÷3＝9　　30÷5＝6

　　これはかけ算九九の逆です。
　　　　3×□＝6　　3×□＝27　　5×□＝30
　の□の部分を求めることにひとしいのです。

　　つまり、百ます計算のかけ算のタイムが2分を切っていれば、自然と2分が切れるようになります。百ます計算は全部で100問ありますが、4÷0や5÷0は解がないので（4つのリンゴを0人で分けることはできない）、この九九の逆であるわり算は、90問になります。

②余りのあるわり算―くり下がりのないもの＝B型

　例）　43÷7

　　右の筆算を見てください。★7×6＝42　ですから、
　43－42＝1。このとき、43－42にはくり下がりの
　計算はありません（♠3－2＝1）。

$$\begin{array}{r} 6 \\ 7\overline{)43} \\ 42 \\ \hline 1 \end{array}$$

　　　答え　6余り1

③余りのあるわり算―くり下がりのあるもの＝C型

　例）　41÷6

　　6×6＝36　です。41－36＝5ですが、このとき
　41－36にはくり下がりがあります（11－6＝5）。

$$\begin{array}{r} 6 \\ 6\overline{)41} \\ 36 \\ \hline 5 \end{array}$$

　　　答え　6余り5

　結局、B型もC型も、百ます計算のかけ算とひき算の組み合わせだということに気がつかれたでしょうか。★の部分で百ますのかけ算をやり、♠の部分で百ますのひき算をやっています。その2つの組み合わせなのです。ですから、百ます計算のかけ算とひき算に習熟していれば、自然とこの余りのあるわり算B型、C型も5分以内にできるようになります。

　そして、この余りのあるわり算C型が5分以内にできるようになれば、2345÷32といった計算もぐっと楽にできるようになっていきます。そして中学で習う一次方程式の計算もスムーズに行えるようになるのです。

基礎反復練習 篇

わり算A型

月　　日　　名前

●コピーを 7 枚とる。勉強前に 1 日 1 枚。目標タイムは 2 分。

（　　分　　秒）

① 9÷3＝
② 7÷1＝
③ 10÷5＝
④ 3÷3＝
⑤ 27÷9＝
⑥ 25÷5＝
⑦ 3÷1＝
⑧ 2÷1＝
⑨ 4÷4＝
⑩ 24÷8＝
⑪ 6÷2＝
⑫ 72÷8＝
⑬ 6÷3＝
⑭ 0÷5＝
⑮ 45÷9＝
⑯ 12÷3＝
⑰ 18÷6＝
⑱ 42÷7＝
⑲ 56÷7＝
⑳ 12÷2＝
㉑ 0÷1＝
㉒ 48÷8＝
㉓ 32÷4＝

㉔ 24÷6＝
㉕ 0÷3＝
㉖ 16÷2＝
㉗ 40÷5＝
㉘ 64÷8＝
㉙ 8÷1＝
㉚ 28÷7＝
㉛ 14÷2＝
㉜ 63÷7＝
㉝ 14÷7＝
㉞ 12÷6＝
㉟ 48÷6＝
㊱ 9÷9＝
㊲ 4÷1＝
㊳ 10÷2＝
㊴ 27÷3＝
㊵ 30÷5＝
㊶ 20÷4＝
㊷ 0÷8＝
㊸ 28÷4＝
㊹ 15÷5＝
㊺ 49÷7＝
㊻ 5÷5＝

㊼ 8÷8＝
㊽ 40÷8＝
㊾ 12÷4＝
㊿ 30÷6＝
(51) 45÷5＝
(52) 5÷1＝
(53) 36÷9＝
(54) 32÷8＝
(55) 36÷6＝
(56) 21÷7＝
(57) 4÷2＝
(58) 72÷9＝
(59) 54÷9＝
(60) 18÷2＝
(61) 0÷6＝
(62) 42÷6＝
(63) 15÷3＝
(64) 8÷2＝
(65) 56÷8＝
(66) 35÷5＝
(67) 0÷2＝
(68) 63÷9＝
(69) 20÷5＝

(70) 16÷8＝
(71) 21÷3＝
(72) 18÷9＝
(73) 0÷4＝
(74) 24÷3＝
(75) 7÷7＝
(76) 81÷9＝
(77) 6÷1＝
(78) 0÷9＝
(79) 8÷4＝
(80) 2÷2＝
(81) 36÷4＝
(82) 0÷7＝
(83) 54÷6＝
(84) 9÷1＝
(85) 16÷4＝
(86) 24÷4＝
(87) 6÷6＝
(88) 18÷3＝
(89) 1÷1＝
(90) 35÷7＝

基礎反復練習 篇

わり算B型

月　　日　　名前

●コピーを７枚とる。勉強前に１日１枚。目標タイムは５分。

（　　分　　秒）

① 17÷2=　…
② 23÷3=　…
③ 15÷4=　…
④ 33÷6=　…
⑤ 29÷7=　…
⑥ 19÷3=　…
⑦ 38÷7=　…
⑧ 21÷5=　…
⑨ 37÷9=　…
⑩ 49÷6=　…
⑪ 34÷5=　…
⑫ 25÷4=　…
⑬ 45÷7=　…
⑭ 36÷8=　…
⑮ 15÷2=　…
⑯ 37÷4=　…
⑰ 25÷6=　…
⑱ 13÷5=　…
⑲ 44÷7=　…
⑳ 28÷5=　…
㉑ 38÷9=　…
㉒ 13÷6=　…
㉓ 35÷4=　…
㉔ 42÷8=　…
㉕ 24÷5=　…

㉖ 19÷9=　…
㉗ 37÷6=　…
㉘ 22÷7=　…
㉙ 18÷5=　…
㉚ 32÷6=　…
㉛ 29÷4=　…
㉜ 58÷8=　…
㉝ 39÷5=　…
㉞ 26÷3=　…
㉟ 17÷7=　…
㊱ 38÷5=　…
㊲ 16÷7=　…
㊳ 33÷8=　…
㊴ 22÷3=　…
㊵ 49÷8=　…
㊶ 29÷9=　…
㊷ 17÷5=　…
㊸ 59÷7=　…
㊹ 27÷5=　…
㊺ 66÷9=　…
㊻ 59÷8=　…
㊼ 23÷7=　…
㊽ 17÷4=　…
㊾ 67÷8=　…
㊿ 47÷9=　…

(51) 17÷3=　…
(52) 21÷4=　…
(53) 16÷6=　…
(54) 39÷7=　…
(55) 23÷4=　…
(56) 14÷3=　…
(57) 39÷4=　…
(58) 48÷9=　…
(59) 57÷6=　…
(60) 14÷4=　…
(61) 26÷6=　…
(62) 33÷5=　…
(63) 17÷8=　…
(64) 29÷3=　…
(65) 14÷5=　…
(66) 26÷4=　…
(67) 19÷6=　…
(68) 66÷8=　…
(69) 19÷4=　…
(70) 41÷5=　…
(71) 55÷9=　…
(72) 38÷4=　…
(73) 57÷7=　…
(74) 74÷8=　…
(75) 69÷7=　…

(76) 28÷9=　…
(77) 18÷8=　…
(78) 38÷6=　…
(79) 28÷3=　…
(80) 16÷3=　…
(81) 42÷5=　…
(82) 34÷4=　…
(83) 13÷3=　…
(84) 25÷8=　…
(85) 48÷7=　…
(86) 43÷8=　…
(87) 69÷8=　…
(88) 75÷9=　…
(89) 48÷5=　…
(90) 58÷6=　…
(91) 77÷9=　…
(92) 44÷6=　…
(93) 28÷8=　…
(94) 45÷6=　…
(95) 59÷9=　…
(96) 65÷9=　…
(97) 49÷5=　…
(98) 66÷7=　…
(99) 84÷9=　…
(100) 73÷8=　…

基礎反復練習 篇

わり算C型

月　日　名前

●コピーを７枚とる。勉強前に１日１枚。目標タイムは５分。

（　分　秒）

① 10÷6＝ …	㉖ 51÷8＝ …	(51) 50÷6＝ …	(76) 31÷7＝ …
② 53÷8＝ …	㉗ 15÷9＝ …	(52) 55÷7＝ …	(77) 30÷7＝ …
③ 50÷8＝ …	㉘ 17÷9＝ …	(53) 10÷3＝ …	(78) 40÷9＝ …
④ 32÷9＝ …	㉙ 50÷9＝ …	(54) 62÷9＝ …	(79) 11÷7＝ …
⑤ 11÷8＝ …	㉚ 61÷7＝ …	(55) 31÷9＝ …	(80) 13÷7＝ …
⑥ 13÷8＝ …	㉛ 13÷9＝ …	(56) 16÷9＝ …	(81) 63÷8＝ …
⑦ 20÷7＝ …	㉜ 23÷6＝ …	(57) 53÷9＝ …	(82) 30÷4＝ …
⑧ 26÷9＝ …	㉝ 24÷9＝ …	(58) 62÷8＝ …	(83) 15÷8＝ …
⑨ 11÷6＝ …	㉞ 40÷7＝ …	(59) 33÷7＝ …	(84) 80÷9＝ …
⑩ 10÷4＝ …	㉟ 34÷7＝ …	(60) 52÷7＝ …	(85) 44÷9＝ …
⑪ 20÷6＝ …	㊱ 71÷8＝ …	(61) 54÷8＝ …	(86) 42÷9＝ …
⑫ 20÷3＝ …	㊲ 70÷9＝ …	(62) 35÷9＝ …	(87) 11÷4＝ …
⑬ 51÷9＝ …	㊳ 22÷6＝ …	(63) 23÷8＝ …	(88) 33÷9＝ …
⑭ 54÷7＝ …	㊴ 21÷9＝ …	(64) 30÷8＝ …	(89) 34÷9＝ …
⑮ 71÷9＝ …	㊵ 60÷7＝ …	(65) 51÷6＝ …	(90) 62÷7＝ …
⑯ 11÷3＝ …	㊶ 61÷8＝ …	(66) 12÷9＝ …	(91) 43÷9＝ …
⑰ 40÷6＝ …	㊷ 10÷9＝ …	(67) 30÷9＝ …	(92) 14÷9＝ …
⑱ 41÷9＝ …	㊸ 53÷7＝ …	(68) 32÷7＝ …	(93) 52÷8＝ …
⑲ 21÷6＝ …	㊹ 31÷4＝ …	(69) 61÷9＝ …	(94) 50÷7＝ …
⑳ 11÷9＝ …	㊺ 25÷9＝ …	(70) 20÷9＝ …	(95) 22÷9＝ …
㉑ 10÷8＝ …	㊻ 21÷8＝ …	(71) 23÷9＝ …	(96) 53÷6＝ …
㉒ 60÷8＝ …	㊼ 12÷8＝ …	(72) 14÷8＝ …	(97) 70÷8＝ …
㉓ 52÷6＝ …	㊽ 55÷8＝ …	(73) 41÷7＝ …	(98) 20÷8＝ …
㉔ 52÷9＝ …	㊾ 51÷7＝ …	(74) 41÷6＝ …	(99) 60÷9＝ …
㉕ 31÷8＝ …	㊿ 10÷7＝ …	(75) 22÷8＝ …	(100) 12÷7＝ …

算数スピード攻略篇

算数 1 スピード攻略篇 四捨五入と概数

ポイント
1. 四捨五入は 4 以下は切り下げ、5 以上は切り上げる
2. 問題に「四捨五入して小数第一位まで求めよ」と書かれていたら、小数第二位で四捨五入する

たとえば、「18 人」というかわりに「約 20 人」ということがあります。こういう数を「およその数」（概数）といいます。求め方には 3 とおりあります。

1. 切り下げ

   例 一の位で切り下げる場合

   123 ➡ 123 ➡ 120

   125 ➡ 125 ➡ 120

2. 切り上げ

   例 一の位で切り上げる場合

   123 ➡ 123 ➡ 130

   125 ➡ 125 ➡ 130

3. 四捨五入

   4 以下は切り下げ、5 以上は切り上げます。

   例 一の位で四捨五入する場合

   224 ➡ 224 ➡ 220   225 ➡ 225 ➡ 230

概数は整数のわり算などでも必要になりますが（34 ページ）、小数の計算問題、とくにわり切れないわり算でとても重要になります。たとえば、「答えは**小数第一位まで求めよ**」と書かれていた場合には、**小数第二位で四捨五入**します。

   例 0.4593 ➡ 0.4593 ➡ 0.5

小数を四捨五入するときのポイント

① 「小数第二位で四捨五入せよ」と問題に書かれていた場合

四捨五入された位以下の数字は切り下げ・切り上げで消えてしまうので、小数第一位までの数字が残ります。ただし、例 3 のような場合は、小数第二位の 6 が切り上げとなり、小数第一位の 9 に 1 がたされて 10 になるので、十の位まで順にくり上がります。

② 「四捨五入して小数第一位まで求めよ」と問題に書かれていた場合

小数第一位までの数字が残っていないといけないので、四捨五入するのは小数第二位。ということは、①の「小数第二位で四捨五入せよ」と同じ意味になります。

例1 2.145 ➡ 2.1   **例2** 8.394 ➡ 8.4   **例3** 19.964 ➡ 20.0

四捨五入と概数　1

1　次の数を十の位で切り下げなさい。

① 828　　　② 356　　　③ 5410

2　次の数を百の位で切り上げなさい。

① 4358　　　② 2890　　　③ 750

3　次の数を一の位で四捨五入しなさい。

① 84　　　② 169　　　③ 3995

4　次の答えを求めなさい。

① 1.2を小数第一位で四捨五入しなさい。

答え＿＿＿＿＿＿＿

② 0.5を小数第一位で四捨五入しなさい。

答え＿＿＿＿＿＿＿

③ 83.2を小数第一位で四捨五入しなさい。

答え＿＿＿＿＿＿＿

④ 0.325を小数第二位で四捨五入しなさい。

答え＿＿＿＿＿＿＿

⑤ 0.345を四捨五入して小数第一位まで求めなさい。

答え＿＿＿＿＿＿＿

⑥ 0.961を四捨五入して小数第二位まで求めなさい。

答え＿＿＿＿＿＿＿

⑦ 0.358を小数第三位で四捨五入しなさい。

答え＿＿＿＿＿＿＿

算数 2 わり算の筆算

スピード攻略篇

ポイント
1. わる数を「およその数」(概数)に置きかえて、商を立ててみる(仮商)
2. 筆算では、きちんと「けた」をそろえて数字を書く
3. 「商を立てる→かける→引く→おろす」をくり返す

わり算で重要なのはわる数のとらえ方です。下の例では、わる数は 18 ですが、これをおよそ 20 と考えてみましょう(これを**概数**といいます)。

$$18\overline{)889} \quad \Rightarrow \quad \overset{(20)}{18}\overline{)889}$$

88 の中に 20 は 4 個。そこで 4 をとりあえず商として立ててみます(これを**仮商**といいます)。そして計算してみると…、

⇒ 仮商を立てる → かける ($18×4=72$) → 引く ($88−72=16$) → おろす → 169

169 の中に 20 は 8 個とみなして、とりあえず 8 を仮商に立てます。

⇒ 仮商を立てる → かける ($18×8=144$) → 引く ($169−144=25$) → $18<25$ わる数より大きい

このように、わる数を超えてしまったら、商が小さすぎたということです。そこで仮商を 9 に改めます(これを**仮商修正**といいます)。

⇒
```
    49
18)889
   72
   169
   162
     7
```

筆算では、けたをそろえて書くのが計算力アップのコツ

答え　49…7

答えは 49 で、余り 7 となります。なお、わる数が 41 や 12 のときは、概数を 40 や 10 とみなします。34 や 36 はとりあえず 30 か 40 として、仮商を立て、やってみてから修正しましょう。

わり算の筆算 ❶
（余りなし）

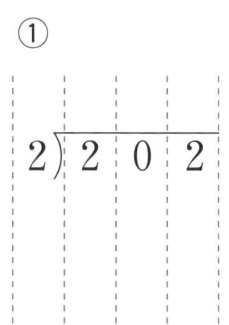

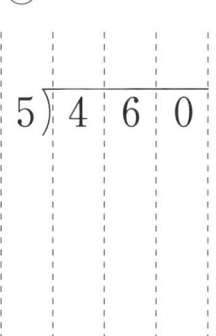

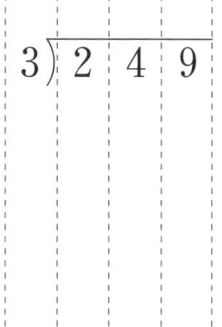

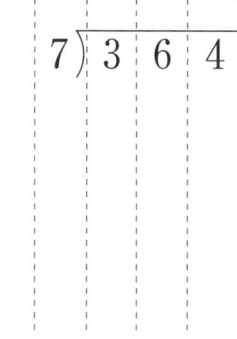

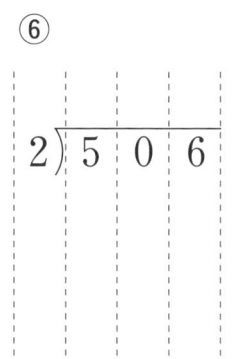

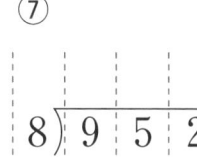

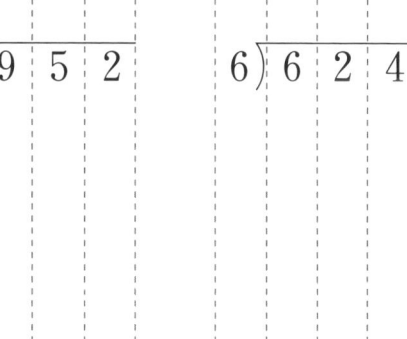

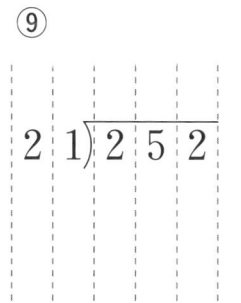

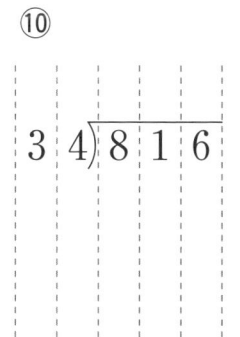

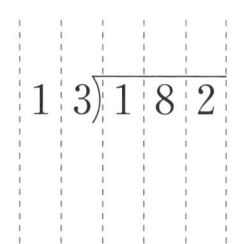

① 2)202

② 5)460

③ 3)249

④ 7)364

⑤ 4)836

⑥ 2)506

⑦ 8)952

⑧ 6)624

⑨ 21)252

⑩ 34)816

⑪ 13)182

⑫ 47)564

わり算の筆算 ❷

(余りなし)

① 28)1344

② 61)2440

③ 48)4992

④ 72)7056

⑤ 97)9894

⑥ 39)1599

⑦ 52)4732

⑧ 24)1872

⑨ 78)2496

⑩ 93)1953

⑪ 49)5145

⑫ 81)6075

わり算の筆算 ③

（余りなし）

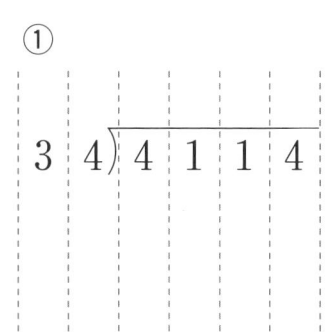

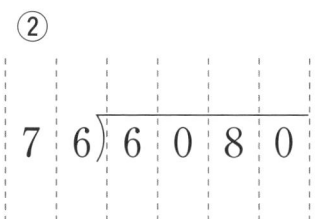

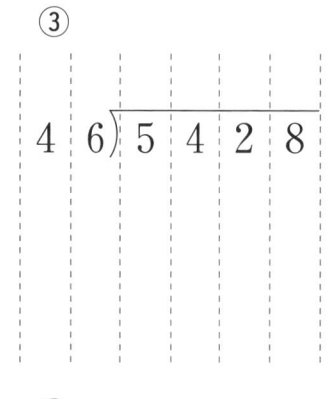

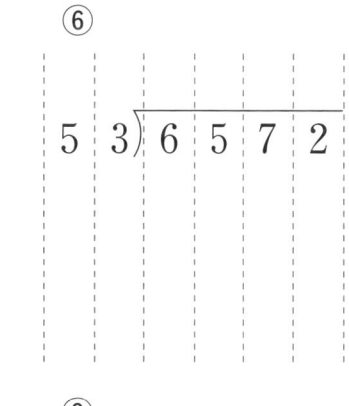

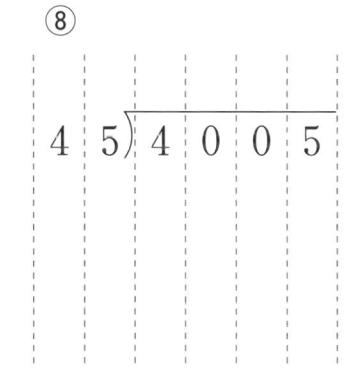

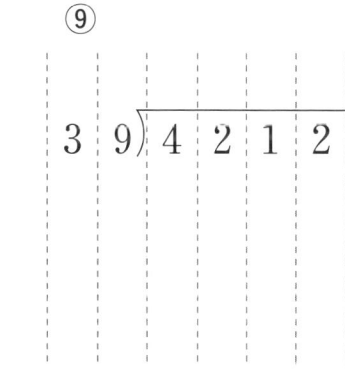

① 34) 4114

② 76) 6080

③ 46) 5428

④ 92) 9936

⑤ 24) 5760

⑥ 53) 6572

⑦ 68) 7888

⑧ 45) 4005

⑨ 39) 4212

⑩ 82) 7052

⑪ 48) 9456

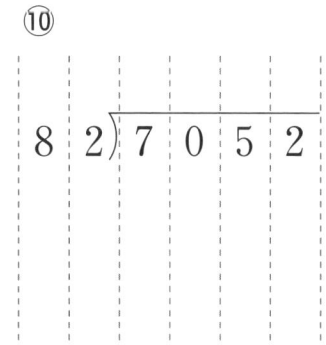

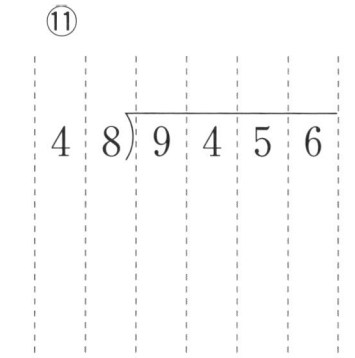

⑫ 24) 5736

わり算の筆算 ④

(余りあり)

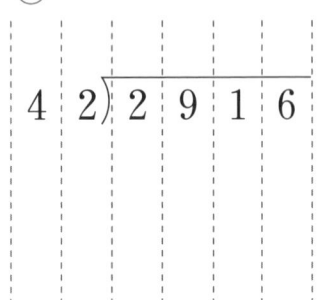

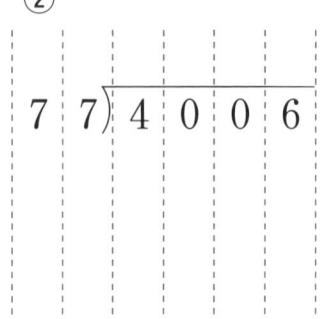

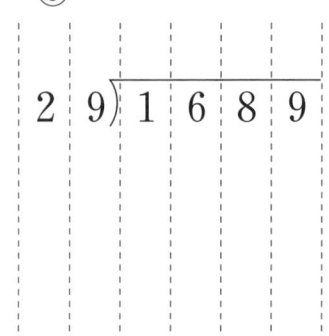

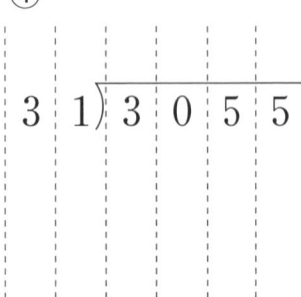

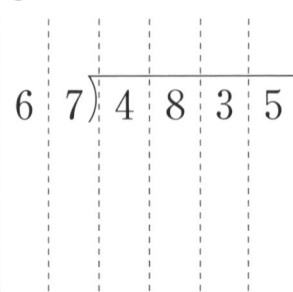

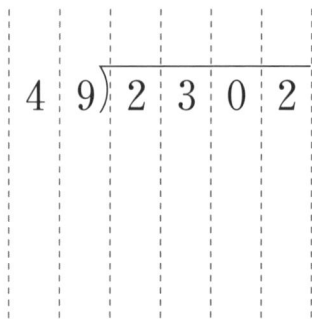

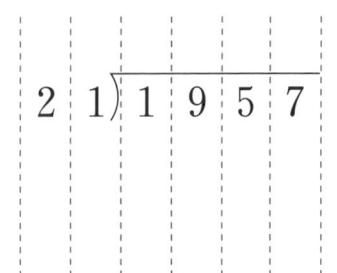

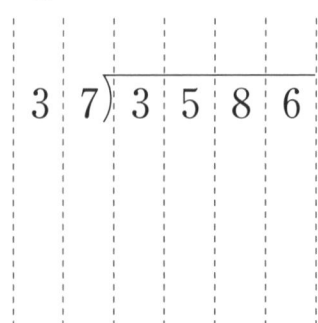

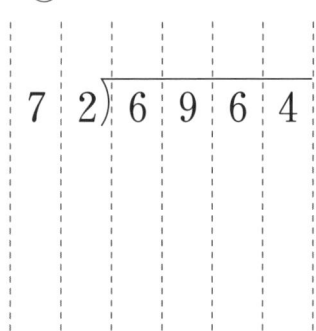

① 42)2916

② 77)4006

③ 29)1689

④ 31)3055

⑤ 98)2378

⑥ 51)3921

⑦ 67)4835

⑧ 83)1307

⑨ 49)2302

⑩ 21)1957

⑪ 37)3586

⑫ 72)6964

わり算の筆算 5

(余りあり)

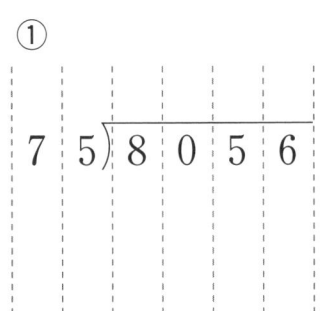

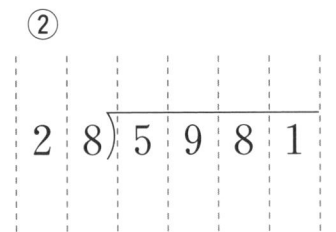

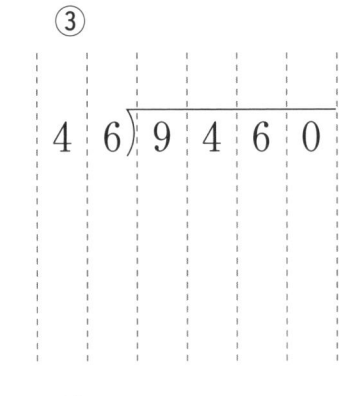

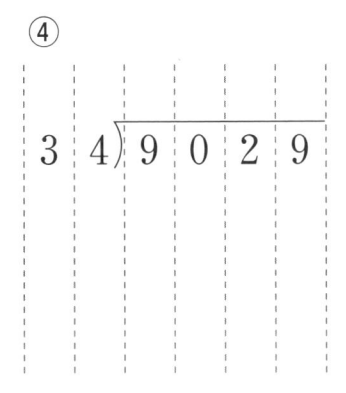

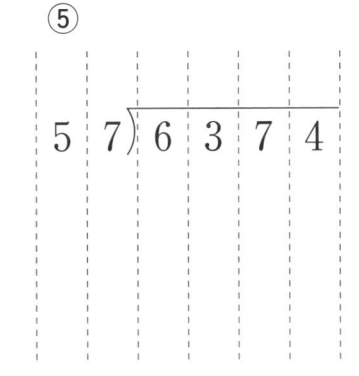

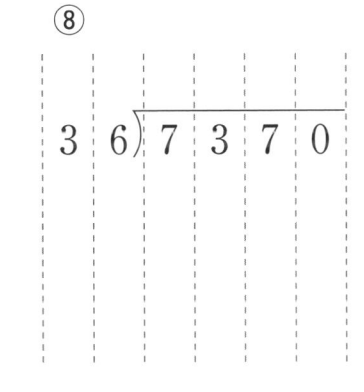

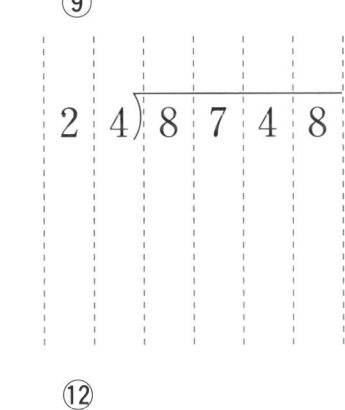

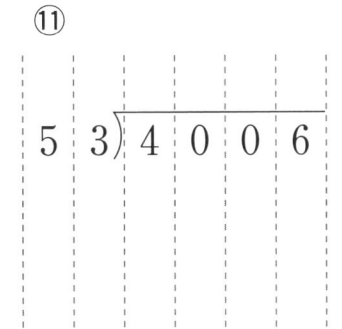

① 75)8056

② 28)5981

③ 46)9460

④ 34)9029

⑤ 57)6374

⑥ 85)9902

⑦ 67)7447

⑧ 36)7370

⑨ 24)8748

⑩ 46)6853

⑪ 53)4006

⑫ 63)7624

算数 3 スピード攻略篇 小数のたし算・ひき算

ポイント
1. 小数点をそろえてから計算する
2. 答えに、小数点を打つのを忘れない

小数のたし算・ひき算は、**小数点をそろえて計算する**ことだけに注意すれば、あとはふつうの筆算と同じです。

例1
1.3＋0.4

```
  1.3
+ 0.4
-----
  1.7
```

例2
309＋4.5

```
  309
+   4.5
-------
  313.5
```
0があると考える

例3
1.5＋1.63

```
  1.5
+ 1.63
------
  3.13
```
0があると考える

例2では、309には小数点以下の数字はありませんが、4.5には小数第一位まで数字があります。このような場合は、309を309.0とみなして計算します。

例3の1.5＋1.63も同様です。

1.5には小数第二位以下の数字はありませんが、1.63は小数第二位まで数字があります。このような場合は、1.5を1.50とみなして計算します。

次に、ひき算を見てみましょう。

例4
3.8－2.5

```
  3.8
- 2.5
-----
  1.3
```

例5
15－5.2

```
  15.
-  5.2
------
   9.8
```
0があると考える

例6
5.8－1.24

```
  5.8
- 1.24
------
  4.56
```
0があると考える

例5では、15には小数点以下の数字はありませんが、5.2には小数第一位まで数字があります。このような場合は、15を15.0とみなして計算します。

例6の5.8－1.24も同様です。

5.8には小数第二位以下の数字はありませんが、1.24には小数第二位まで数字があります。このような場合は5.8を5.80とみなして計算します。

小数のたし算　1

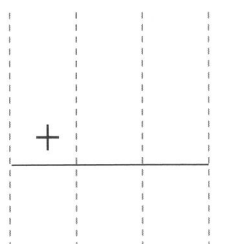

① 0.3 + 0.6 =

② 0.8 + 0.2 =

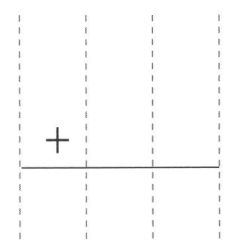

③ 1.5 + 0.9 =

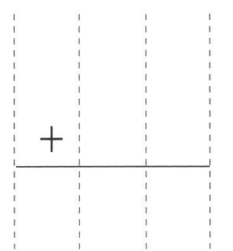

④ 10.6 + 25.4 =

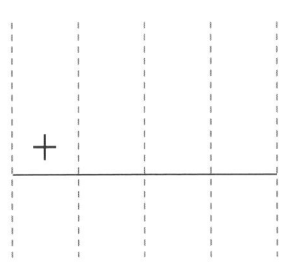

⑤ 20 + 3.9 =

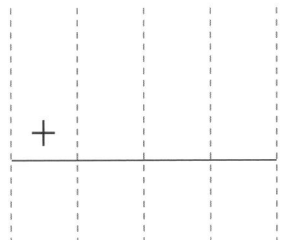

⑥ 3.36 + 2.4 =

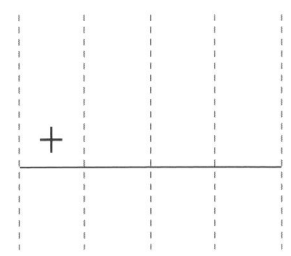

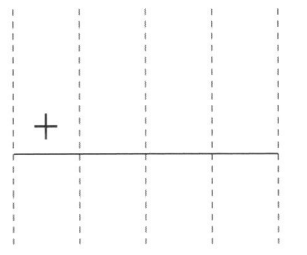

⑦ 28.5 + 16.4 =

⑧ 10 + 0.5 =

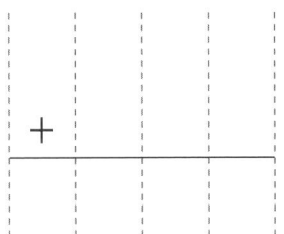

⑨ 1.9 + 0.26 =

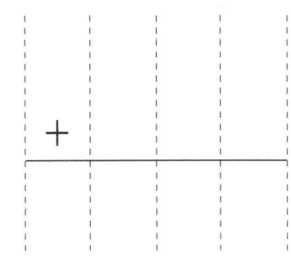

⑩ 53.6 + 64.5 =

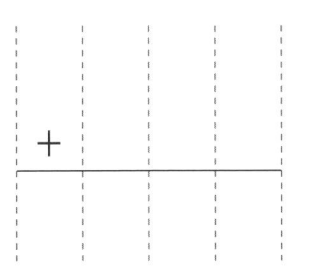

⑪ 75 + 45.6 =

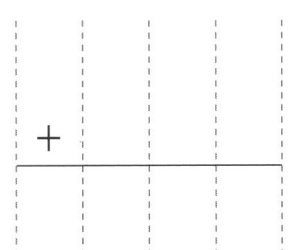

⑫ 8.78 + 3.4 =

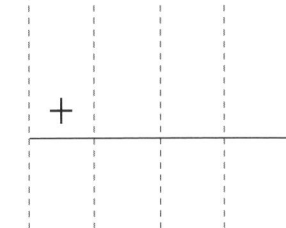

小数のたし算 ❷

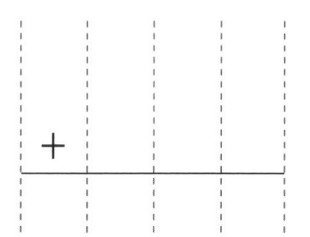

① 15.2 + 24.8 =

② 13.3 + 2 =

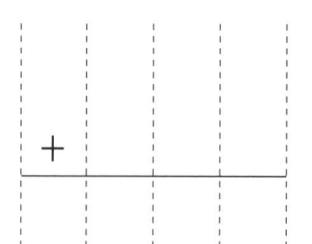

③ 4.59 + 5.5 =

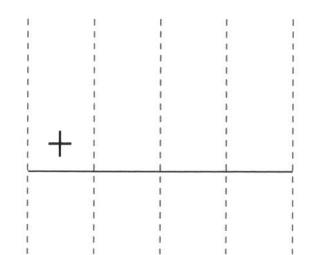

④ 15.4 + 31.6 =

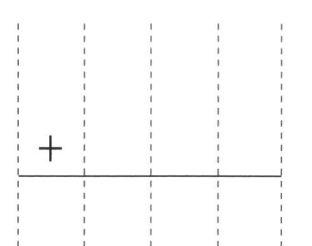

⑤ 8.4 + 23 =

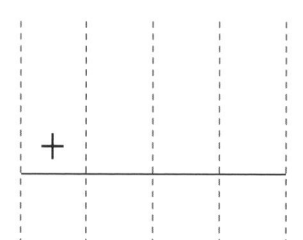

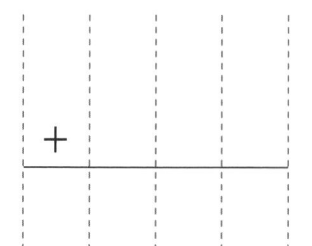

⑥ 6.7 + 3.65 =

⑦ 108.2 + 121.9 =

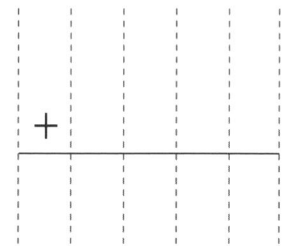

⑧ 125 + 4.5 =

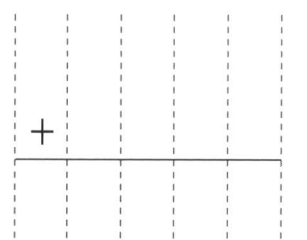

⑨ 45.6 + 21.46 =

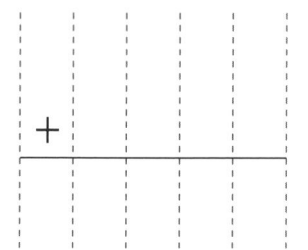

⑩ 309.4 + 920.6 =

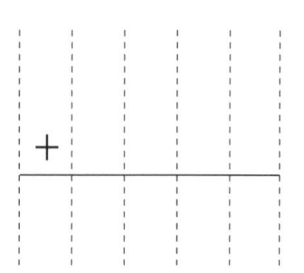

⑪ 2.7 + 189 =

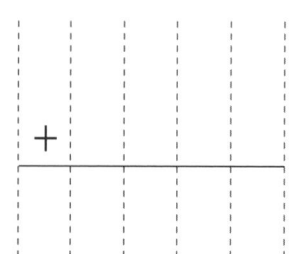

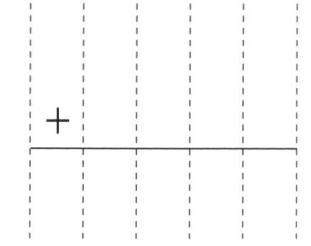

⑫ 14.79 + 2.3 =

小数のひき算 ①

① 0.9 − 0.3 =

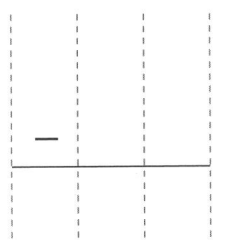

② 1 − 0.6 =

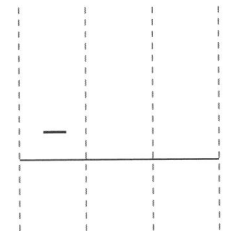

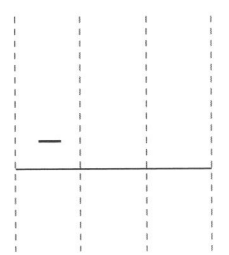

③ 3.5 − 1.8 =

④ 34.6 − 25.3 =

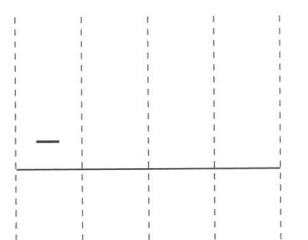

⑤ 20 − 15.9 =

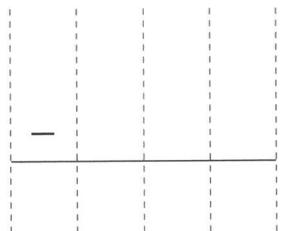

⑥ 4.7 − 3.81 =

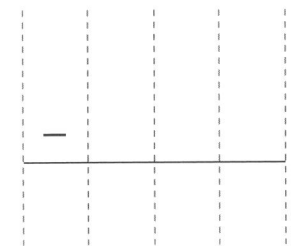

⑦ 28.1 − 14.3 =

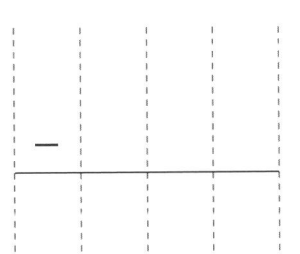

⑧ 25 − 4.6 =

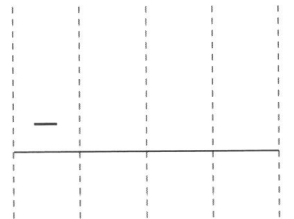

⑨ 6.3 − 4.26 =

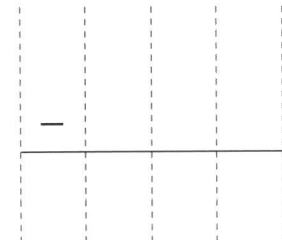

⑩ 81.1 − 65.2 =

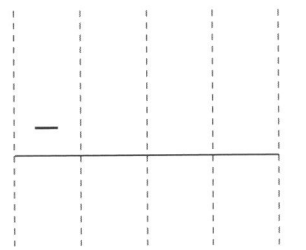

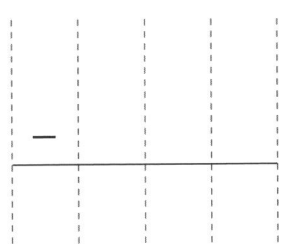

⑪ 51 − 18.7 =

⑫ 7.2 − 3.09 =

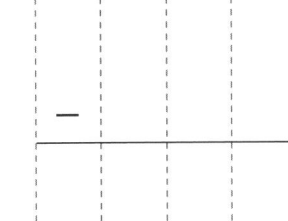

小数のひき算 ②

① 27.3 − 10.5 =

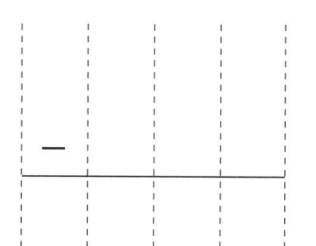

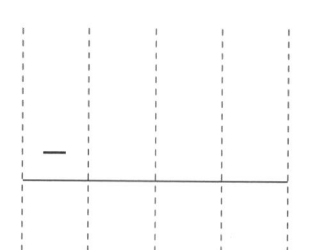

② 31 − 20.9 =

③ 4.5 − 1.58 =

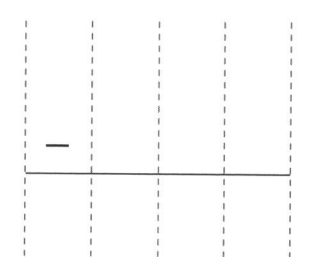

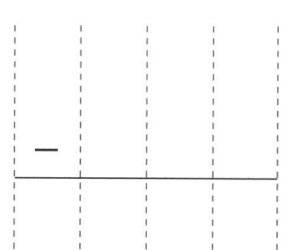

④ 20.4 − 17.8 =

⑤ 12 − 2.9 =

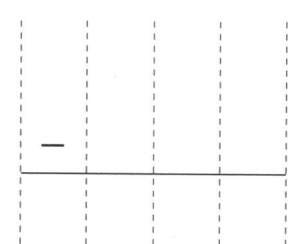

⑥ 7.2 − 6.43 =

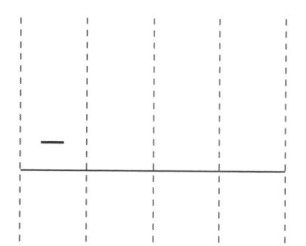

⑦ 183.4 − 91.8 =

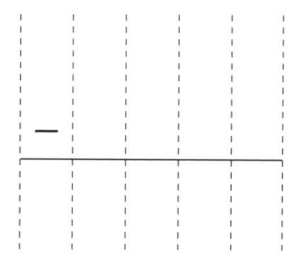

⑧ 324 − 3.4 =

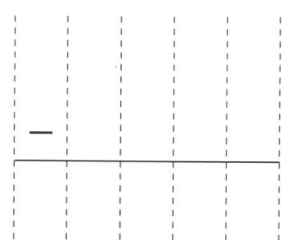

⑨ 10.1 − 7.87 =

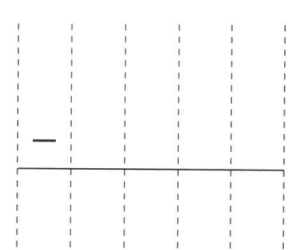

⑩ 282.4 − 223.6 =

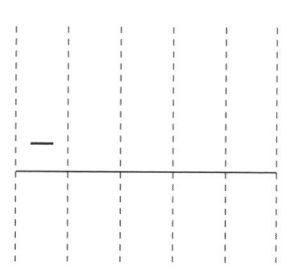

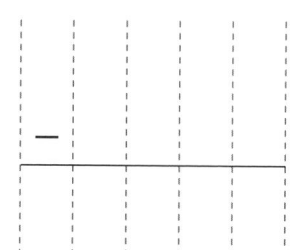

⑪ 143 − 125.7 =

⑫ 64.1 − 33.13 =

算数 4 スピード攻略篇　小数のかけ算

ポイント
1. 筆算では、おしりを 0 以外の数字でそろえる
2. そのとき、簡単なほうの数を下に書く
3. 答えを書くときには、小数点の位置に注意する

　小数のかけ算でいちばんミスしやすいのが、「答えのどこに小数点を打つか」という点です。次の例題をとおして、計算のコツをつかみましょう。

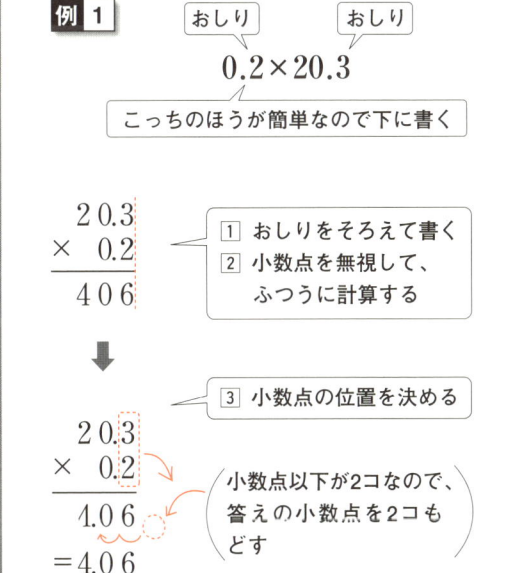

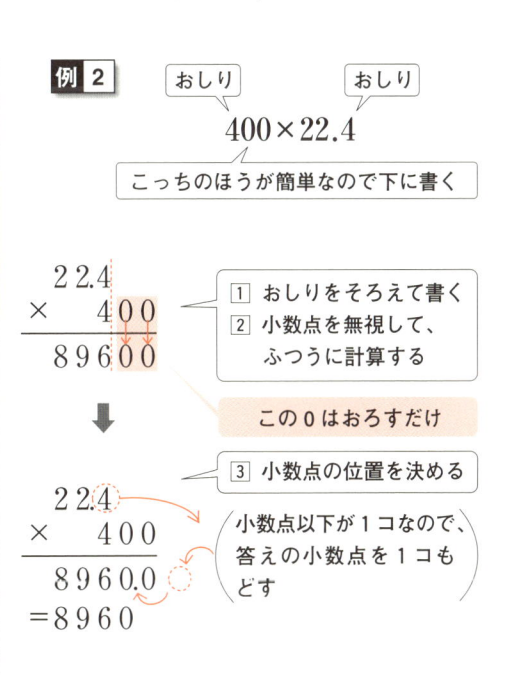

例1

0.2×20.3

（おしり）（おしり）
こっちのほうが簡単なので下に書く

```
   2 0.3
 ×   0.2
 ─────
   4 0 6
```

1. おしりをそろえて書く
2. 小数点を無視して、ふつうに計算する

↓

```
   2 0.3
 ×   0.2
 ─────
   4.0 6
 = 4.0 6
```

3. 小数点の位置を決める

小数点以下が2コなので、答えの小数点を2コもどす

例2

400×22.4

（おしり）（おしり）
こっちのほうが簡単なので下に書く

```
   2 2.4
 ×   4 0 0
 ─────
 8 9 6 0 0
```

1. おしりをそろえて書く
2. 小数点を無視して、ふつうに計算する

この 0 はおろすだけ

↓

```
   2 2.4
 ×   4 0 0
 ─────
 8 9 6 0.0
 = 8 9 6 0
```

3. 小数点の位置を決める

小数点以下が1コなので、答えの小数点を1コもどす

　ここで、練習問題に入る前にウォーミングアップをかねて、筆算に書き直す練習をしてみましょう。

① 23.6×0.04

```
     2 3.6
 ×   0.0 4
 ─────
     0.9 4 4
 =   0.9 4 4
```
小数点を3コもどす

② 3.06×200

```
     3.0 6
 ×     2 0 0
 ─────
     6 1 2.0 0
 =   6 1 2
```
小数点を2コもどす

小数のかけ算　1　　　　　月　　日

① 3×1.5＝

② 1.8×0.3＝

③ 24×1.6＝

④ 10.2×0.8＝

⑤ 0.4×10.5＝

⑥ 26.3×2.5＝

⑦ 23.4×0.4＝

⑧ 1.2×50.3＝

⑨ 2.3×38.9＝

⑩ 12.5×0.02＝

⑪ 0.04×18.5＝

⑫ 0.03×23.8＝

小数のかけ算 ❷

① $0.8 \times 10 =$

② $1.7 \times 30 =$

③ $30 \times 2.5 =$

④ $10.4 \times 80 =$

⑤ $90 \times 10.3 =$

⑥ $40 \times 20.8 =$

⑦ $1.5 \times 300 =$

⑧ $3.6 \times 200 =$

⑨ $200 \times 1.5 =$

⑩ $21.3 \times 500 =$

⑪ $200 \times 31.4 =$

⑫ $500 \times 20.6 =$

算数 5 スピード攻略篇 小数のわり算

ポイント
1. はじめに、わる数の小数点を消す（10、100…をかける）
2. 余りに小数点をつけることを忘れない

小数を整数にする

小数点は10倍するたびに、右に1つずれるようになっています。

$0.2 \times 10 = 2$　　　$0.013 \times 1000 = 13$

0.2　×10　　　0.013　×1000

小数のわり算をとく

わり算は分数に書きかえることができます。このとき、わられる数は分子、わる数は分母になります。

分数は、分母と分子の両方に同じ数をかけても大きさは変わりません。そこで、両方に10、100、1000をかけて小数を整数にします。

$$0.5 \div 0.25 = \frac{0.5}{0.25} = \frac{0.5 \times 100}{0.25 \times 100} = \frac{50}{25} = 2$$

（わられる数／わる数／同じ数をかけた／50÷25と同じこと）

筆算でも、同じようにまず**わる数の小数点を消してから計算**します。

例1 $1.95 \div 1.5$

$1.5 \overline{)1.9\,5}$ → $15 \overline{)19.5}$

1. わる数を整数に変える（10や100をかける）
2. わる数と同じだけ小数点をずらす
3. ふつうに計算したあと答えに小数点を打つ（わられる数と同じ位置）

```
       1.3
  15 )19.5
     15
      45
      45
       0
```

例2 $1.98 \div 1.5$

余りの小数点の位置に気をつけましょう。
「わられる数」のもとの小数点の位置にそろえてつけます。

```
       1.3
  1.5 )1.98
      15
       48
       45
      0.03
```

答えの小数点はわられる数と同じ位置
余りの小数点はもとの数と同じ位置

小数のわり算　1
（余りなし）

① $0.8 \div 4 =$

② $4.9 \div 7 =$

③ $31.8 \div 6 =$

④ $60 \div 1.5 =$

⑤ $18.4 \div 2.3 =$

⑥ $48.3 \div 6.9 =$

⑦ $62.4 \div 4.8 =$

⑧ $22.4 \div 6.4 =$

⑨ $77.4 \div 4.3 =$

⑩ $73.6 \div 0.46 =$

⑪ $42.5 \div 0.34 =$

⑫ $8.82 \div 0.36 =$

小数のわり算 2

(余りなし)

① 35.1÷2.7＝

② 81.9÷3.9＝

③ 46.8÷2.6＝

④ 62.4÷4.8＝

⑤ 570÷3.8＝

⑥ 66.3÷1.7＝

⑦ 180.2÷3.4＝

⑧ 602.7÷4.9＝

⑨ 954.5÷2.3＝

⑩ 736.6÷1.27＝

⑪ 507.6÷1.41＝

⑫ 85.02÷0.26＝

小数のわり算 ③

(余りあり)
答えは小数第一位まで求め、余りを出しなさい。

① $18 \div 2.3 =$ … ② $5.7 \div 3.9 =$ … ③ $64 \div 3.1 =$ …

④ $15.2 \div 4.8 =$ … ⑤ $375 \div 4.6 =$ … ⑥ $38.9 \div 2.7 =$ …

⑦ $121.8 \div 7.4 =$ … ⑧ $743.3 \div 8.9 =$ … ⑨ $437.5 \div 8.2 =$ …

⑩ $981.3 \div 4.18 =$ … ⑪ $543.9 \div 1.25 =$ … ⑫ $35.47 \div 0.26 =$ …

位どり 1

① $2 \times 100 =$ ② $2 \times 10 =$

③ $2 \times 1 =$ ④ $2 \times 0.1 =$

⑤ $2 \times 0.01 =$ ⑥ $2 \times 0.001 =$

⑦ $0.4 \times 200 =$ ⑧ $0.4 \times 20 =$

⑨ $0.4 \times 2 =$ ⑩ $0.4 \times 0.2 =$

⑪ $0.4 \times 0.02 =$ ⑫ $0.4 \times 0.002 =$

⑬ $6 \div 100 =$ ⑭ $6 \div 10 =$

⑮ $6 \div 1 =$ ⑯ $6 \div 0.1 =$

⑰ $6 \div 0.01 =$ ⑱ $6 \div 0.001 =$

⑲ $0.8 \div 200 =$ ⑳ $0.8 \div 20 =$

㉑ $0.8 \div 2 =$ ㉒ $0.8 \div 0.2 =$

㉓ $0.8 \div 0.02 =$ ㉔ $0.8 \div 0.002 =$

㉕ $1 \div 500 =$ ㉖ $1 \div 50 =$

㉗ $1 \div 5 =$ ㉘ $1 \div 0.5 =$

㉙ $1 \div 0.05 =$ ㉚ $1 \div 0.005 =$

算数 6 スピード攻略篇　最小公倍数・最大公約数

ポイント
1. 連除法(れんじょほう)のやり方を学ぶ
2. 連除法を使って、最小公倍数・最大公約数を求める

倍数、公倍数、最小公倍数とは？

ある数に整数（1、2…）をかけてできる数を倍数(ばいすう)といいます。たとえば、2に3をかけると6になりますね。このとき、6は2の倍数ということになります。

公倍数　2つ以上の整数に共通する倍数のこと。

例　2と3の公倍数を求めなさい。

2の倍数　　2　4　6　8　10　12　14　16　18 …
3の倍数　　3　　　6　　9　　12　　15　　18 …

上の数の中で共通する倍数は6、12、18……。ですから、これらの数が2と3の公倍数(こうばいすう)ということになります。

最小公倍数　いちばん小さい公倍数のこと。2と3の最小公倍数は6です。

約数、公約数、最大公約数とは？

たとえば、6は1、2、3、6でわり切ることができますね。この1、2、3、6を6の約数(やくすう)といいます。どんな数でも、1とその数は必ず約数になります。
約数は、次のようなしくみになっています。

6の約数　1　2　3　6
　　　　　　　2×3＝6
　　　　　　1×6＝6

12の約数　1　2　3　4　6　12
　　　　　　　　　3×4＝12
　　　　　　　　2×6＝12
　　　　　　　1×12＝12

かけると、その数になる組み合わせでできている

公約数　2つ以上の整数に共通する約数のこと。

例　12と18の約数を求めなさい。

12の約数　　1　2　3　4　6　　12
18の約数　　1　2　3　　6　9　　18

ですから、公約数(こうやくすう)は1、2、3、6となります。

最大公約数　いちばん大きい公約数のこと。12と18の最大公約数は6です。

算数に強くなる「連除法」のやり方を覚えよう

学校の教科書にはのっていませんが、最小公倍数や最大公約数を簡単に見つけられる**連除法**（れんじょほう）という方法があります。これを知っておくと、分数の計算力もグンと上がります。

例 36と60の最小公倍数、最大公約数を求めよ。

① 右の図を見てください。
　まず、36と60の2つの数を並べ、われる数でこの2つの数字をわっていきます。
　2でわれるので、18と30が得られます。

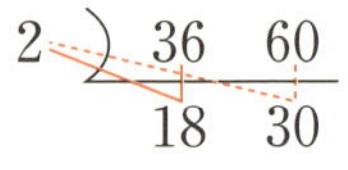

② わりきれなくなるまで、①の手順をくり返していきます。
　↓
この図から、最小公倍数と最大公約数が求められます。 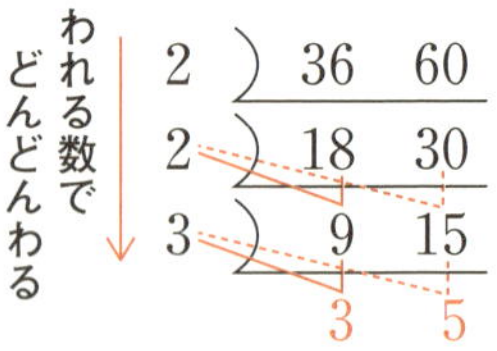

```
 2 ) 36  60
 2 ) 18  30
 3 )  9  15
      3   5
```
（われる数でどんどんわる）

① **最小公倍数**……下に残った数と最初の数をたすきがけで、かけあわせる
　　　　$3 \times 60 = 180$　　　$5 \times 36 = 180$
　　→ 36と60の最小公倍数は180

② **最大公約数**……左たてに並んでいる数字をかけあわせる
　　　　$2 \times 2 \times 3 = 12$ → 最大公約数は12

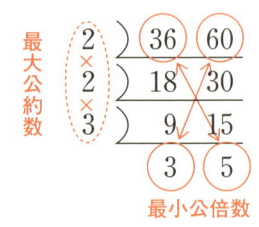

数が3つあるときの連除法のやり方

① われない数が出たら、いったんストップ。左側の数を全部かけたものが最大公約数になる。

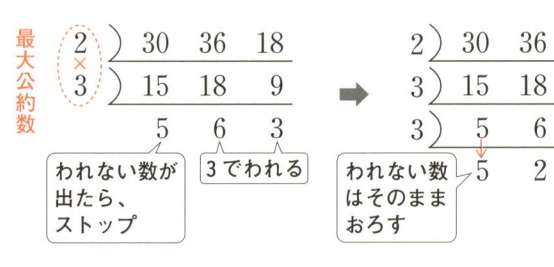

```
最大公約数
  2 )  30  36  18
  3 )  15  18   9
        5   6   3
```
（われない数が出たら、ストップ）

```
  2 )  30  36  18
  3 )  15  18   9
  3 )   5   6   3
        5   2   1
```
（3でわれる／われない数はそのままおろす）

② 最小公倍数は、「左の列の数」と「いちばん下の列の数」の全てをかけたもの。

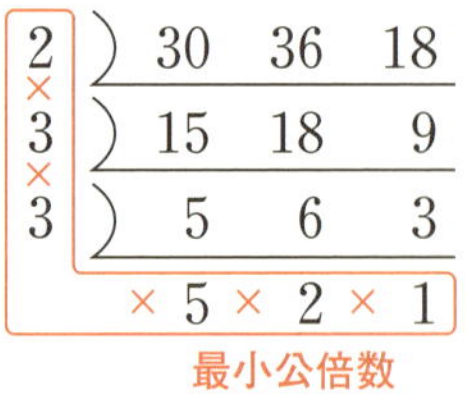

```
┌ 2 ) 30  36  18
│ × 
│ 3 ) 15  18   9
│ ×
│ 3 )  5   6   3
└         × 5 × 2 × 1
```
最小公倍数

最大公約数　$2 \times 3 = 6$

最小公倍数　$2 \times 3 \times 3 \times 5 \times 2 \times 1 = 180$

最小公倍数 1

連除法を使って、最小公倍数を求めましょう。

例
```
3) 6  18
2) 2   6
     1   3
```
最小公倍数 (18)
3×6、1×18

①) 4 8   最小公倍数 (　)

②) 4 6   最小公倍数 (　)

③) 5 7   最小公倍数 (　)

④) 9 27   最小公倍数 (　)

⑤) 14 35 最小公倍数 (　)

⑥) 11 9   最小公倍数 (　)

⑦) 18 24 最小公倍数 (　)

⑧) 15 45 最小公倍数 (　)

⑨) 12 27 最小公倍数 (　)

⑩) 44 11 最小公倍数 (　)

⑪) 36 72 最小公倍数 (　)

⑫) 18 42 最小公倍数 (　)

⑬) 12 28 最小公倍数 (　)

⑭) 60 15 最小公倍数 (　)

⑮) 22 16 最小公倍数 (　)

例
```
2) 4  8  12
2) 2  4   6
     1  2   3
```
最小公倍数 (24)
2×2×1×2×3

⑯) 12 18 30   最小公倍数 (　)

⑰) 2 3 4   最小公倍数 (　)

⑱) 3 6 9   最小公倍数 (　)

55

最大公約数 1

連除法を使って、最大公約数を求めましょう。

例
```
2 ) 18  12
3 )  9   6
     3   2
```
最大公約数（ 6 ）
　　　　　2×3

①) 16 48　　最大公約数（　）

②) 20 28　　最大公約数（　）

③) 45 27　　最大公約数（　）

④) 35 49　　最大公約数（　）

⑤) 56 16　　最大公約数（　）

⑥) 9 15　　最大公約数（　）

⑦) 16   4　　最大公約数（　）

⑧) 7 15　　最大公約数（　）

⑨) 14 42　　最大公約数（　）

⑩) 30 65　　最大公約数（　）

⑪) 30 42　　最大公約数（　）

⑫) 27 36　　最大公約数（　）

⑬) 24 54　　最大公約数（　）

⑭) 54 36　　最大公約数（　）

⑮) 26 39　　最大公約数（　）

例
```
2 ) 20   4   8
2 ) 10   2   4
     5   1   2
```
最大公約数（ 4 ）
　　　　　2×2

⑯) 24 40 16　　最大公約数（　）

⑰) 12 32 16　　最大公約数（　）

⑱) 84 56 70　　最大公約数（　）

算数 7 スピード攻略篇 — 分数のたし算・ひき算

ポイント
1. 分母が違うときは、まず分母をそろえる（通分）
2. 通分には連除法を使う。そのとき、なるべく大きい数でわる
3. 答えは約分（分母と分子を最大公約数でわること）できないか気をつける

分母が等しいとき

そのまま分子どうしをたしたり、ひいたりします。

$$\frac{1}{5}+\frac{3}{5}=\frac{1+3}{5}=\frac{4}{5} \qquad \frac{2}{3}-\frac{1}{3}=\frac{2-1}{3}=\frac{1}{3}$$

分母が違うとき

分母を同じにして計算します。これを**通分**といいます。

例1 $\frac{1}{2}+\frac{1}{3}$

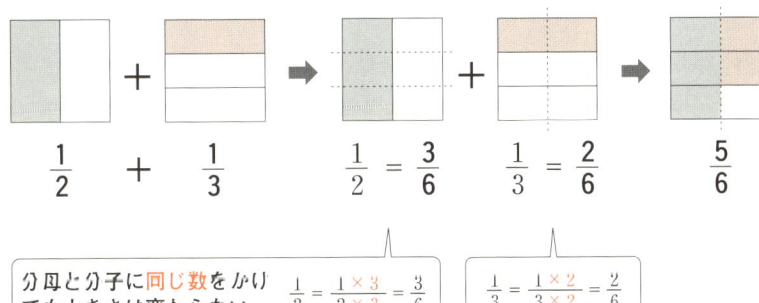

$$\frac{1}{2} \quad + \quad \frac{1}{3} \quad \Rightarrow \quad \frac{1}{2}=\frac{3}{6} \quad + \quad \frac{1}{3}=\frac{2}{6} \quad \Rightarrow \quad \frac{5}{6}$$

分母と分子に**同じ数**をかけても大きさは変わらない

$$\frac{1}{2}=\frac{1\times 3}{2\times 3}=\frac{3}{6} \qquad \frac{1}{3}=\frac{1\times 2}{3\times 2}=\frac{2}{6}$$

したがって、

$$\frac{1}{2}+\frac{1}{3}=\frac{1\times 3}{2\times 3}+\frac{1\times 2}{3\times 2}=\frac{3}{6}+\frac{2}{6}=\frac{5}{6}$$

分母をそろえるということは、分母どうしの最小公倍数を見つけるということです。上の場合でいえば分母の2と3の最小公倍数は6です。

もう少し難しい問題で考えてみましょう。

例2 $\dfrac{5}{12} + \dfrac{3}{8}$

まず、分母の 12 と 8 の最小公倍数を見つけます。これは前に学んだ連除法（54 ページ）を使います。

$$4 \overline{\smash{\big)}\, 12 \quad 8} \atop 3 \quad 2 \qquad 3\times 8 = 2\times 12 = 24$$

ということで、最小公倍数は 24 ですね。

分母を 24 にそろえればいいことがわかります。分子はどうすればいいでしょう？ $\dfrac{5}{12}$ については、12 は 2 をかけて 24 になるのですから、分子にも同じ 2 をかけます（$2\times 5=10$）。分母と分子に同じ数をかけても大きさは変わらないから、同じ 2 をかけるのです。同じように考えれば、$\dfrac{3}{8}$ のほうの分子には 3 をかけることがわかります（$3\times 3=9$）。

以上の手続きを整理して書くと次のようになります。

> なるべく大きい数でわろう

$$4 \overline{\smash{\big)}\, \dfrac{5}{12} + \dfrac{3}{8}} \atop 3 \quad\ \ 2 \ = \dfrac{10}{24} + \dfrac{9}{24} = \dfrac{19}{24}$$

ひき算もまったく同様に連除法を使ってできます。

例3 $\dfrac{1}{2} - \dfrac{3}{14} = 2\overline{\smash{\big)}\, \dfrac{1}{2} - \dfrac{3}{14}} \atop 1\quad\ 7\ = \dfrac{7}{14} - \dfrac{3}{14} = \dfrac{4}{14} = \dfrac{2}{7}$

> 分母と分子を最大公約数の 2 でわる約分を忘れずに

3 つ以上の分数のたし算、ひき算では、分母の 3 つの数の最小公倍数をみつける必要があります。これも連除法が使えます。

例4 $\dfrac{1}{10} + \dfrac{3}{20} + \dfrac{5}{4} =$

$$\begin{array}{r|ccc} 2 & \dfrac{1}{10} & + \dfrac{3}{20} & + \dfrac{5}{4} \\ \hline 5 & 5 & 10 & 2 \\ \hline 2 & 1 & 2 & 2 \\ \hline & \times 1 & \times 1 & \times 1 \end{array} = \dfrac{2}{20} + \dfrac{3}{20} + \dfrac{25}{20} = \dfrac{30}{20} = \dfrac{3}{2}$$

> 最小公倍数を求める
> $2\times 5\times 2\times 1\times 1\times 1 = 20$

また、慣れてくれば連除法を使わなくとも、共通の分母（各分母の最小公倍数）を見つける力がかなりつくはずです。分母が 2、3、6 だったら、「共通の分母は 6 だな」というように、パッとイメージできるようになっていきます。

分数のたし算　1

例

$2\overline{)\dfrac{1}{2} + \dfrac{3}{4}} = \dfrac{2}{4} + \dfrac{3}{4} = \dfrac{5}{4}$

① $\dfrac{1}{3} + \dfrac{2}{3} =$

② $\dfrac{1}{5} + \dfrac{3}{5} =$

③ $\dfrac{3}{8} + \dfrac{1}{4} =$

④ $\dfrac{2}{5} + \dfrac{1}{3} =$

⑤ $\dfrac{1}{6} + \dfrac{2}{9} =$

⑥ $\dfrac{5}{8} + \dfrac{3}{16} =$

⑦ $\dfrac{3}{8} + \dfrac{1}{6} =$

⑧ $\dfrac{5}{12} + \dfrac{2}{9} =$

⑨ $\dfrac{3}{10} + \dfrac{5}{12} =$

⑩ $\dfrac{2}{9} + \dfrac{5}{27} =$

⑪ $\dfrac{3}{7} + \dfrac{2}{5} =$

⑫ $\dfrac{7}{26} + \dfrac{4}{13} =$

⑬ $\dfrac{5}{14} + \dfrac{3}{8} =$

⑭ $\dfrac{4}{15} + \dfrac{5}{12} =$

⑮ $\dfrac{10}{21} + \dfrac{1}{6} =$

⑯ $\dfrac{1}{2} + \dfrac{1}{3} + \dfrac{1}{4} =$

⑰ $\dfrac{1}{2} + \dfrac{3}{4} + \dfrac{1}{6} =$

分数のたし算 2

① $\dfrac{2}{7}+\dfrac{4}{7}=$

② $\dfrac{3}{8}+\dfrac{5}{8}=$

③ $\dfrac{7}{8}+\dfrac{3}{7}=$

④ $\dfrac{11}{15}+\dfrac{5}{6}=$

⑤ $\dfrac{7}{12}+\dfrac{9}{16}=$

⑥ $\dfrac{19}{30}+\dfrac{11}{15}=$

⑦ $\dfrac{19}{42}+\dfrac{13}{14}=$

⑧ $\dfrac{3}{4}+\dfrac{11}{18}=$

⑨ $\dfrac{6}{11}+\dfrac{3}{4}=$

⑩ $\dfrac{9}{16}+\dfrac{17}{32}=$

⑪ $\dfrac{3}{4}+\dfrac{5}{12}=$

⑫ $\dfrac{3}{8}+\dfrac{5}{24}=$

⑬ $\dfrac{11}{30}+\dfrac{5}{6}=$

⑭ $\dfrac{5}{9}+\dfrac{6}{27}=$

⑮ $\dfrac{7}{10}+\dfrac{2}{15}=$

⑯ $\dfrac{7}{18}+\dfrac{1}{6}=$

⑰ $\dfrac{2}{3}+\dfrac{1}{2}+\dfrac{5}{6}=$

⑱ $\dfrac{3}{4}+\dfrac{2}{3}+\dfrac{1}{6}=$

分数のひき算 ①

例
$$2\sqrt{\dfrac{1}{2} - \dfrac{1}{4}} = \dfrac{2}{4} - \dfrac{1}{4} = \dfrac{1}{4}$$

① $\dfrac{3}{4} - \dfrac{1}{4} =$

② $\dfrac{2}{3} - \dfrac{1}{3} =$

③ $\dfrac{3}{4} - \dfrac{5}{8} =$

④ $\dfrac{8}{9} - \dfrac{1}{3} =$

⑤ $\dfrac{5}{6} - \dfrac{3}{5} =$

⑥ $\dfrac{11}{12} - \dfrac{5}{6} =$

⑦ $\dfrac{3}{5} - \dfrac{4}{9} =$

⑧ $\dfrac{5}{7} - \dfrac{11}{21} =$

⑨ $\dfrac{5}{8} - \dfrac{3}{10} =$

⑩ $\dfrac{8}{15} - \dfrac{4}{9} =$

⑪ $\dfrac{11}{24} - \dfrac{5}{12} =$

⑫ $\dfrac{13}{16} - \dfrac{11}{24} =$

⑬ $\dfrac{5}{8} - \dfrac{7}{18} =$

⑭ $\dfrac{8}{9} - \dfrac{13}{27} =$

⑮ $\dfrac{15}{32} - \dfrac{7}{16} =$

⑯ $\dfrac{7}{6} - \dfrac{1}{2} - \dfrac{1}{3} =$

⑰ $3 - \dfrac{4}{5} - \dfrac{1}{2} =$

分数のひき算 ②

① $\dfrac{5}{6} - \dfrac{1}{6} =$

② $\dfrac{6}{7} - \dfrac{1}{7} =$

③ $\dfrac{5}{6} - \dfrac{5}{8} =$

④ $\dfrac{7}{9} - \dfrac{5}{12} =$

⑤ $\dfrac{8}{15} - \dfrac{3}{10} =$

⑥ $\dfrac{7}{8} - \dfrac{9}{14} =$

⑦ $\dfrac{23}{24} - \dfrac{11}{18} =$

⑧ $\dfrac{13}{16} - \dfrac{15}{24} =$

⑨ $\dfrac{21}{34} - \dfrac{8}{17} =$

⑩ $\dfrac{3}{7} - \dfrac{4}{11} =$

⑪ $\dfrac{2}{3} - \dfrac{1}{6} =$

⑫ $\dfrac{7}{9} - \dfrac{5}{18} =$

⑬ $\dfrac{3}{4} - \dfrac{7}{12} =$

⑭ $\dfrac{13}{30} - \dfrac{2}{15} =$

⑮ $\dfrac{8}{13} - \dfrac{11}{39} =$

⑯ $\dfrac{9}{14} - \dfrac{3}{10} =$

⑰ $\dfrac{5}{3} - \dfrac{1}{2} - \dfrac{1}{4} =$

⑱ $\dfrac{10}{9} - \dfrac{1}{3} - \dfrac{1}{6} =$

算数 8 スピード攻略篇 — 分数のかけ算

ポイント ▶ **1 かけ算** $\dfrac{a}{b} \times c = \dfrac{a \times c}{b}$　　$\dfrac{a}{b} \times \dfrac{c}{d} = \dfrac{a \times c}{b \times d}$

分数×整数

例 $\dfrac{2}{3} \times 3$

$\dfrac{2}{3}$ は □ です。「×3」とは、□ が 3 つあるということですから

□ となります。式で表すと、$\dfrac{2}{3} \times 3 = \dfrac{2 \times \overset{1}{3}}{\underset{1}{3}} = 2$

$\dfrac{3}{3} = 1$　$\dfrac{3}{3} = 1$

（分子にだけかける）

（計算のとちゅうで約分できるときは、約分する）

つまり、$\dfrac{a}{b} \times c = \dfrac{a \times c}{b}$ となるのです。

分数×分数

例 $\dfrac{2}{3} \times \dfrac{1}{4}$

$\dfrac{2}{3}$ は □ です。「$\times \dfrac{1}{4}$」とは、□ を 4 つにわったものが 1 つあるということになります。

$\dfrac{2}{3}$ を 4 つにわると、□ となります。このとき、□ は $\dfrac{2}{12}$ です（12 こにわったうちの 2 こ）。

そこで、$\dfrac{2}{3} \times \dfrac{1}{4} = \dfrac{\overset{1}{2} \times 1}{3 \times \underset{2}{4}} = \dfrac{1}{6}$

（分子どうしをかける）

分数の計算では、$\dfrac{a}{b} \times \dfrac{c}{d} = \dfrac{a \times c}{b \times d}$ が成り立つことがわかります。

（分母どうしをかける）

分数のかけ算 ①

例
$$\frac{1}{2} \times \frac{2}{3} = \frac{1 \times \cancel{2}}{\cancel{2} \times 3} = \frac{1}{3}$$

① $4 \times \frac{1}{2} =$

② $3 \times \frac{1}{5} =$

③ $3 \times \frac{5}{6} =$

④ $\frac{3}{4} \times 8 =$

⑤ $\frac{2}{9} \times 6 =$

⑥ $\frac{1}{3} \times \frac{3}{2} =$

⑦ $\frac{5}{6} \times \frac{1}{5} =$

⑧ $\frac{3}{7} \times \frac{7}{8} =$

⑨ $\frac{3}{4} \times \frac{2}{5} =$

⑩ $\frac{2}{9} \times \frac{3}{5} =$

⑪ $\frac{4}{7} \times \frac{5}{8} =$

⑫ $\frac{3}{10} \times \frac{5}{7} =$

⑬ $\frac{7}{18} \times \frac{9}{5} =$

⑭ $\frac{6}{7} \times \frac{14}{11} =$

⑮ $\frac{3}{10} \times \frac{5}{9} =$

⑯ $\frac{7}{12} \times \frac{3}{14} =$

⑰ $\frac{5}{6} \times \frac{14}{15} =$

⑱ $\frac{24}{33} \times \frac{11}{18} =$

⑲ $\frac{3}{16} \times \frac{8}{9} =$

⑳ $\frac{8}{25} \times \frac{5}{12} =$

㉑ $\frac{1}{2} \times \frac{2}{3} \times \frac{3}{4} =$

㉒ $4 \times \frac{1}{2} \times \frac{5}{6} =$

㉓ $\frac{2}{3} \times \frac{3}{5} \times \frac{5}{6} =$

分数のかけ算 ❷

① $\dfrac{1}{6} \times \dfrac{6}{7} =$

② $\dfrac{5}{9} \times \dfrac{2}{5} =$

③ $\dfrac{3}{4} \times \dfrac{4}{5} =$

④ $\dfrac{1}{4} \times \dfrac{2}{3} =$

⑤ $\dfrac{6}{7} \times \dfrac{2}{3} =$

⑥ $\dfrac{3}{8} \times \dfrac{2}{5} =$

⑦ $\dfrac{7}{15} \times \dfrac{5}{8} =$

⑧ $\dfrac{8}{9} \times \dfrac{7}{12} =$

⑨ $\dfrac{6}{11} \times \dfrac{4}{15} =$

⑩ $\dfrac{3}{4} \times \dfrac{8}{9} =$

⑪ $\dfrac{7}{20} \times \dfrac{5}{14} =$

⑫ $\dfrac{11}{12} \times \dfrac{16}{33} =$

⑬ $\dfrac{16}{49} \times \dfrac{7}{8} =$

⑭ $\dfrac{10}{21} \times \dfrac{9}{14} =$

⑮ $\dfrac{5}{24} \times \dfrac{6}{15} =$

⑯ $\dfrac{9}{26} \times \dfrac{13}{15} =$

⑰ $\dfrac{15}{16} \times \dfrac{8}{45} =$

⑱ $\dfrac{7}{9} \times \dfrac{15}{28} =$

⑲ $\dfrac{25}{49} \times \dfrac{14}{15} =$

⑳ $\dfrac{35}{36} \times \dfrac{18}{25} =$

㉑ $\dfrac{14}{27} \times \dfrac{18}{35} =$

㉒ $\dfrac{2}{5} \times 10 \times \dfrac{1}{4} =$

㉓ $\dfrac{1}{3} \times \dfrac{3}{4} \times \dfrac{4}{5} =$

算数 9 スピード攻略篇 — 分数のわり算

ポイント

1. 分母と分子をひっくりかえした数をもとの数の逆数（ぎゃくすう）という
   例 $\frac{3}{2}$ の逆数…$\frac{2}{3}$　$3\left(=\frac{3}{1}\right)$ の逆数…$\frac{1}{3}$

2. 分数のわり算では、逆数をかければよい
   $$\frac{b}{a} \div c = \frac{b}{a} \times \frac{1}{c} \qquad \frac{b}{a} \div \frac{d}{c} = \frac{b}{a} \times \frac{c}{d}$$

分数÷整数

例　$\frac{2}{3} \div 4$

$\frac{2}{3}$ は [1/3][1/3] です。「÷4」とは、これを 4つに分ける といくつになるかということですね。

4つにわってみると、つまり $\frac{1}{4}$ にすると、　　　　　となります。

■ は $\frac{2}{12}$ です。そこで、

$\frac{2}{3} \div 4 = \frac{2}{3} \times \frac{1}{4} = \frac{2}{12}$　つまり、$\frac{b}{a} \div c = \frac{b}{a} \times \frac{1}{c}$

$\frac{1}{c}$ を c の 逆数（ぎゃくすう） といいます。また、c は $\frac{1}{c}$ の逆数です。

分数÷分数

$\frac{3}{5} \div \frac{2}{3}$ を考えてみましょう。

やりかたは簡単です。わる数の分母と分子をひっくりかえしてかけるのです。

$$\frac{3}{5} \div \frac{2}{3} = \frac{3}{5} \times \frac{3}{2} = \frac{9}{10}$$
（÷を×にかえる　$\frac{2}{3}$ をひっくりかえす）

つまり、$\frac{b}{a} \div \frac{d}{c} = \frac{b}{a} \times \frac{c}{d}$ です。

分母と分子がひっくりかえった数のことを「もとの数の逆数」といいます。

（$\frac{d}{c}$ の逆数は $\frac{c}{d}$）　※ $\frac{1}{c}$ の逆数は d が 1 の場合と考えればよい。$\frac{c}{1} = c$

つまり、分数のわり算は逆数をかければいいということになります。

例1 $\dfrac{3}{7} \div 9 = \dfrac{\overset{1}{3}}{7} \times \dfrac{1}{\underset{3}{9}} = \dfrac{1}{21}$ 　3で約分ができる

例2 $\dfrac{2}{9} \div \dfrac{7}{3} = \dfrac{2}{\underset{3}{9}} \times \dfrac{\overset{1}{3}}{7} = \dfrac{2}{21}$ 　3で約分ができる

なぜ、$\dfrac{b}{a} \div \dfrac{d}{c} = \dfrac{b}{a} \times \dfrac{c}{d}$ となるのでしょうか。これはじつはなかなか難しいのです。「一次方程式スピード攻略篇」が終わったあとに興味のある人はもういちど下の証明をみなおしてください。理解できるはずです。しかし、今は、とにかく分数のわり算は逆数をかけるというやり方を覚えてしまうだけでかまいません。

なぜ $\dfrac{b}{a} \div \dfrac{d}{c} = \dfrac{b}{a} \times \dfrac{c}{d}$ になるか

(証明)

$\dfrac{b}{a} \div \dfrac{d}{c} = K$ とおく。

$\dfrac{\dfrac{b}{a}}{\dfrac{d}{c}} = K$

【両辺に $\dfrac{d}{c}$ をかけた】

$\dfrac{\dfrac{b}{a}}{\dfrac{d}{c}} \times \dfrac{d}{c} = K \times \dfrac{d}{c}$

$\dfrac{b}{a} = K \times \dfrac{d}{c}$

【両辺に $\dfrac{a}{b}$ をかけた】

$1 = K \times \dfrac{d}{c} \times \dfrac{a}{b}$

$1 = K \times \dfrac{(d \times a)}{(c \times b)}$

【両辺に $\dfrac{c \times b}{d \times a}$ をかけた】

$\dfrac{c \times b}{d \times a} = K$

$K = \dfrac{b \times c}{a \times d}$

$K = \dfrac{b}{a} \times \dfrac{c}{d}$

Kは $\dfrac{b}{a} \div \dfrac{d}{c}$ とおいたから

$\dfrac{b}{a} \div \dfrac{d}{c} = \dfrac{b}{a} \times \dfrac{c}{d}$

証明おわり

分数のわり算 1

例
$$\frac{1}{2} \div \frac{3}{4} = \frac{1 \times \cancel{4}^{2}}{\cancel{2}_{1} \times 3} = \frac{2}{3}$$
（できるだけ途中で約分する）

① $2 \div \frac{1}{3} =$

② $4 \div \frac{2}{5} =$

③ $3 \div \frac{6}{7} =$

④ $\frac{2}{5} \div 3 =$

⑤ $\frac{2}{3} \div 8 =$

⑥ $\frac{1}{2} \div \frac{1}{3} =$

⑦ $\frac{1}{4} \div \frac{5}{4} =$

⑧ $\frac{3}{5} \div \frac{1}{4} =$

⑨ $\frac{2}{7} \div \frac{3}{7} =$

⑩ $\frac{1}{6} \div \frac{3}{7} =$

⑪ $\frac{5}{9} \div \frac{4}{9} =$

⑫ $\frac{3}{4} \div \frac{2}{9} =$

⑬ $\frac{3}{7} \div \frac{6}{5} =$

⑭ $\frac{3}{10} \div \frac{5}{6} =$

⑮ $\frac{1}{4} \div \frac{3}{8} =$

⑯ $\frac{9}{11} \div \frac{3}{5} =$

⑰ $\frac{3}{5} \div \frac{7}{10} =$

⑱ $\frac{2}{3} \div \frac{8}{9} =$

⑲ $\frac{6}{7} \div \frac{12}{21} =$

⑳ $\frac{6}{15} \div \frac{3}{5} =$

㉑ $\frac{2}{3} \div 2 \div \frac{1}{9} =$

㉒ $\frac{2}{5} \div \frac{4}{5} \div \frac{1}{6} =$

分数のわり算 ②

① $\dfrac{1}{3} \div \dfrac{1}{3} =$

② $\dfrac{1}{6} \div \dfrac{5}{6} =$

③ $\dfrac{3}{5} \div \dfrac{2}{5} =$

④ $\dfrac{1}{6} \div \dfrac{3}{5} =$

⑤ $\dfrac{2}{3} \div \dfrac{4}{5} =$

⑥ $\dfrac{4}{7} \div \dfrac{3}{8} =$

⑦ $\dfrac{5}{6} \div \dfrac{7}{8} =$

⑧ $\dfrac{8}{9} \div \dfrac{4}{7} =$

⑨ $\dfrac{5}{6} \div \dfrac{7}{12} =$

⑩ $\dfrac{10}{11} \div \dfrac{5}{9} =$

⑪ $\dfrac{7}{24} \div \dfrac{5}{12} =$

⑫ $\dfrac{7}{8} \div \dfrac{14}{15} =$

⑬ $\dfrac{3}{7} \div \dfrac{9}{14} =$

⑭ $\dfrac{5}{9} \div \dfrac{25}{18} =$

⑮ $\dfrac{20}{21} \div \dfrac{5}{18} =$

⑯ $\dfrac{14}{15} \div \dfrac{18}{25} =$

⑰ $\dfrac{5}{12} \div \dfrac{15}{16} =$

⑱ $\dfrac{15}{49} \div \dfrac{10}{21} =$

⑲ $\dfrac{7}{12} \div \dfrac{14}{15} =$

⑳ $\dfrac{32}{45} \div \dfrac{16}{27} =$

㉑ $\dfrac{25}{42} \div \dfrac{15}{28} =$

㉒ $\dfrac{3}{4} \div 3 \div \dfrac{5}{8} =$

㉓ $\dfrac{5}{14} \div \dfrac{15}{16} \div \dfrac{8}{7} =$

分数の混合計算 １

（たし算、ひき算、かけ算、わり算の混じった計算）

① $\dfrac{1}{2}+\dfrac{1}{3}-\dfrac{1}{6}=$

② $2-\dfrac{1}{3}+\dfrac{3}{4}=$

③ $\dfrac{4}{5}+\dfrac{1}{2}-1=$

④ $\dfrac{2}{3}-\dfrac{1}{4}+\dfrac{1}{2}=$

⑤ $\dfrac{2}{3}\times\dfrac{3}{5}\div\dfrac{4}{5}=$

⑥ $4\times\dfrac{1}{8}\div\dfrac{1}{2}=$

⑦ $\dfrac{3}{4}\div\dfrac{6}{7}\times\dfrac{2}{7}=$

⑧ $\dfrac{2}{5}\div\dfrac{4}{9}\times\dfrac{5}{12}=$

⑨ $\dfrac{1}{2}+\dfrac{1}{3}\times\dfrac{3}{4}=$

⑩ $\dfrac{2}{3}-\dfrac{1}{4}\times\dfrac{2}{3}=$

⑪ $\dfrac{1}{6}+\dfrac{2}{3}\div\dfrac{4}{9}=$

⑫ $\dfrac{4}{5}-\dfrac{1}{2}\div\dfrac{5}{4}=$

⑬ $\dfrac{1}{2}\times\dfrac{2}{3}+\dfrac{3}{4}\div\dfrac{6}{5}=$

⑭ $\dfrac{7}{5}\div 3-\dfrac{1}{2}\times\dfrac{4}{5}=$

算数 10 スピード攻略篇 整数・小数・分数の混合計算、（ ）のある式

ポイント

1 小数と分数の混じった計算では、小数を分数に直す

例 $0.3 \times \dfrac{9}{10} = \dfrac{3}{10} \times \dfrac{9}{10}$

2 計算の順番…（ ）の中 ➡ ×、÷ ➡ ＋、－

整数・小数・分数の混じった計算

整数（0、1、2、3…など）や小数、分数が混じった計算では、基本的にどの数も分数に直してから計算するのがコツです。

まず、整数、小数、分数の関係について、数直線を使って見てみましょう。

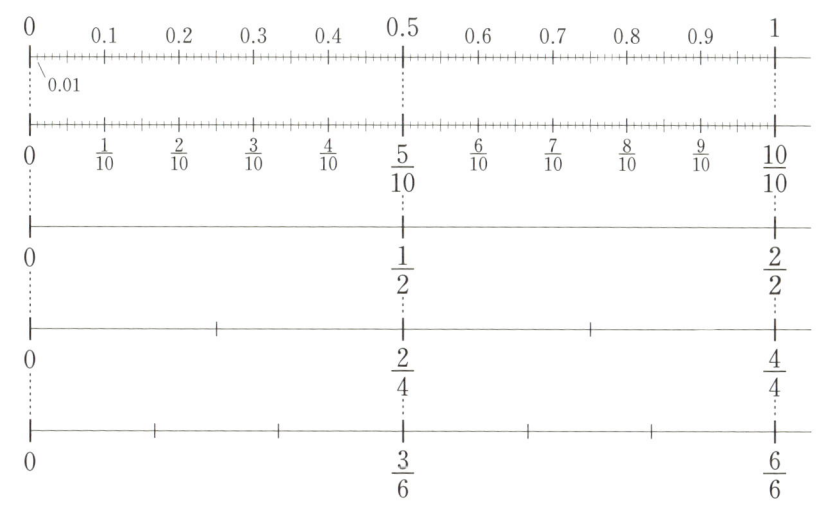

ためしに、次の小数を分数にしてみましょう。

$0.01 \;\Rightarrow\; \dfrac{1}{100}$

$0.001 \;\Rightarrow\; \dfrac{1}{1000}$

また、分数を小数にするときは、次のようにわり算をして求めます。

$\dfrac{1}{10} \;\Rightarrow\; 1 \div 10 = 0.1$

$\dfrac{1}{2} \;\Rightarrow\; 1 \div 2 = 0.5$

例 $2 - \dfrac{1}{2} - 0.5$

$2 - \dfrac{1}{2} - 0.5 = \dfrac{4}{2} - \dfrac{1}{2} - \dfrac{5}{10} = \dfrac{4-1-1}{2} = \dfrac{2}{2} = 1$

計算の決まり

　計算は、式の左はしから順番にやっていくのがいちばんの基本です。ただ、（ ）があるときは、（ ）の中を最初に計算してしまいます。それから×、÷、最後に＋、－の順で進めます。

例 $\dfrac{2}{5} - (0.9 - \boxed{0.2 \times 3}) \div 2$

> （ ）の中を最初に計算する
> （ ）の中でも、かけ算やわり算が最初

$= \dfrac{2}{5} - (0.9 - \boxed{0.6}) \div 2$

$= \dfrac{2}{5} - 0.3 \div 2$

$= \dfrac{2}{5} - \dfrac{3}{10} \div 2$

> 小数は分数に直す
> $0.1 = \dfrac{1}{10}$ （1コ）　$0.01 = \dfrac{1}{100}$ （2コ）　$0.11 = \dfrac{11}{100}$ （2コ）
> 0が1コ　　　　0が2コ　　　　0が2コ

$= \dfrac{2}{5} - \boxed{\dfrac{3}{10} \times \dfrac{1}{2}}$

$= \dfrac{8}{20} - \boxed{\dfrac{3}{20}}$

> かけ算・わり算を先に計算する
> （×、÷ → ＋、－）

$= \dfrac{\cancel{5}^{1}}{\cancel{20}_{4}}$ ← 約分できるときは約分する

$= \dfrac{1}{4}$

　こうしてみると、これまでおさらいしてきた計算の集大成だということがわかります。計算のとちゅうで「よくわからないな」と感じたら、下のページにもどり、もう一度復習しましょう。

　　小数のたし算・ひき算→40ページ
　　小数のかけ算→45ページ
　　小数のわり算→48ページ
　　分数のたし算・ひき算→57ページ
　　分数のかけ算→63ページ
　　分数のわり算→66ページ

整数・小数・分数の関係　1

1　下の数直線の（ア）（イ）の位置を小数と分数で表しなさい。

① （ア）　0 ～ 1

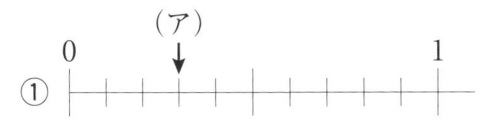

答え　小数　　　　分数

② （イ）　0 ～ 0.1

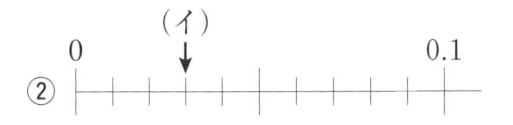

答え　小数　　　　分数

2　次の小数を分数で表しなさい。

① $0.1 = \dfrac{1}{\boxed{}}$

② $0.11 = \dfrac{11}{\boxed{}}$

③ $0.111 = \dfrac{111}{\boxed{}}$

④ $0.3 = \dfrac{\boxed{}}{10}$

⑤ $2.5 = \dfrac{\boxed{}}{10}$

⑥ $4.03 = \dfrac{\boxed{}}{100}$

3　次の分数を小数で表しなさい。

① $\dfrac{1}{10} =$

② $\dfrac{1}{100} =$

③ $\dfrac{1}{1000} =$

④ $\dfrac{21}{10} =$

⑤ $\dfrac{21}{100} =$

⑥ $\dfrac{21}{1000} =$

⑦ $\dfrac{1}{2} =$

⑧ $\dfrac{3}{4} =$

⑨ $\dfrac{6}{5} =$

4　次の数を大きいものから順に、（ア）～（エ）の記号で並べなさい。

（ア）$\dfrac{3}{10}$　　（イ）$\dfrac{1}{4}$　　（ウ）0.7　　（エ）$\dfrac{32}{100}$

答え　　　→　　　→　　　→

整数・小数・分数の混合計算　1

(（　）のない式)

①
$15 \times 3 + 35 \div 7 =$

②
$65 - 72 \div 8 + 19 =$

③
$1 + \dfrac{1}{2} + 0.3 =$

④
$2 - \dfrac{2}{3} - 0.2 =$

⑤
$1.3 - \dfrac{1}{4} + 0.5 - \dfrac{2}{5} =$

⑥
$\dfrac{2}{3} + 0.8 - \dfrac{1}{6} + 1.5 =$

⑦
$0.6 + \dfrac{3}{10} \times \dfrac{5}{6} =$

⑧
$\dfrac{3}{4} - 0.8 \div 2 =$

⑨
$\dfrac{2}{9} \times \dfrac{3}{4} + 1.2 \div 0.3 =$

⑩
$0.9 \times 5 - \dfrac{1}{8} \div \dfrac{5}{16} =$

整数・小数・分数の混合計算 2

(( )のある式)

① $13 \times (21 - 18) + 45 =$

② $21 - (32 + 25) \div 19 =$

③ $\left(1 - \dfrac{1}{3}\right) \times 0.2 =$

④ $\left(\dfrac{3}{4} - \dfrac{1}{2}\right) \div 0.5 =$

⑤ $\dfrac{3}{5} \times (1.2 - 0.8) =$

⑥ $\dfrac{1}{3} \div (5 - 3.8) =$

⑦ $0.4 + \left(\dfrac{2}{5} + 0.8\right) \times \dfrac{1}{3} =$

⑧ $\dfrac{3}{4} + \left(1.7 - \dfrac{1}{2}\right) \div \dfrac{3}{5} =$

⑨ $0.5 \times \left(\dfrac{1}{4} + 0.1\right) - \dfrac{1}{8} =$

⑩ $2.2 \div \left(\dfrac{3}{2} - 0.4\right) - \dfrac{4}{3} =$

算数 11 割合・百分率（％）

ポイント

1. $1\% = \dfrac{1}{100} = 1$ 分　$10\% = \dfrac{1}{10} = 1$ 割　$0.1\% = \dfrac{1}{1000} = 1$ 厘
2. A％＝部分の量÷全体の量×100
3. 全体の量×$\dfrac{A\%}{100}$＝部分の量　　部分の量×$\dfrac{100}{A\%}$＝全体の量

パターン 1　％、何割、何分、何厘

パーセント（％）は英語で「100に対して～」という意味です。ですから、「100人のうち32％の人たちが…」といえば、「100人のうち32人が…」ということを意味します。これを**百分率**といいます。

これに対し、日本語では32％のことを3割2分と表します。つまり、10％のことを1割、1％のことを1分、さらに0.1％のことを1厘というのです。

$$1\% = \dfrac{1}{100} = 0.01 = 1 \text{分}$$

例1　32.7％は何割何分何厘ですか。　　　　　答え　3割2分7厘

例2　5割6分4厘は何％ですか。　　　　　　　答え　56.4％

例3　0.273は何％ですか。　　　　　　　　　答え　27.3％

パターン 2　1％の数量を求める

例　人口1500人の村では、人口の1％は何人ですか。

解き方のコツ → 1％とは、全体の$\dfrac{1}{100}$の数量のこと。

問題文 ＝ 1500人の1％は何人か。

$1500 \times \dfrac{1}{100} = 15$

$100\% \times \dfrac{1}{100} = 1\%$

$1500\text{人} \times \dfrac{1}{100} = 15\text{人}$

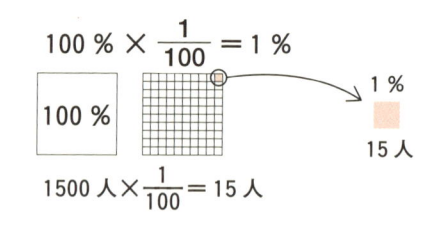

答え　15人

① 237000人の1％は？　　$237000 \times \dfrac{1}{100} = 2370$　　答え　2370人

② 55gの1％は？　　　　　$55 \times \dfrac{1}{100} = 0.55$　　答え　0.55g

パターン3　2％の数量を求める

例　1500人の村人のうち、2％がメガネをかけています。メガネをかけている人たちは何人ですか。

解き方のコツ　→「2％は？」と問われたら、1％を求めて2倍すればよい。
問題文　= 1500人の2％は何人か。

1％は $1500 \times \dfrac{1}{100}$ 、　　→ ×0.02 と同じ

2％はその2倍だから $1500 \times \boxed{\dfrac{1}{100}} \times 2 = 30$

同じようにして、8％のときは0.08を、24％のときは0.24をかければいいのです。

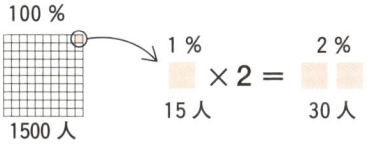

$$\text{全体の量} \times \dfrac{A}{100} = \text{部分の量} \quad (Aは％の数字)$$

答え　30人

パターン4　％から全体の数量を求める

例　ある村では、人口の2％がメガネをかけています。その合計が30人であるとき、この村の全人口は何人ですか。

解き方のコツ　→1％の数量を求めて、100倍すれば、全体の数量がわかる。
問題文　= 2％が30人のとき、全体の人数は何人か。

2％が30人なら → 1％は15人 → 1％×100（100％で全体）

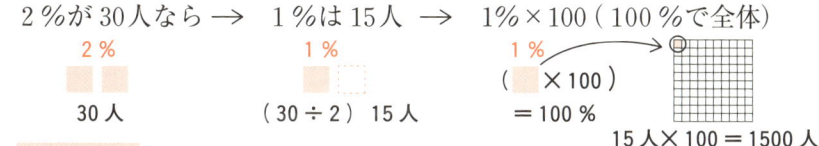

2％　　　　　1％　　　　　1％
30人　　（30÷2）15人　　（□×100）
　　　　　　　　　　　　　=100％
　　　　　　　　　　　　　15人×100=1500人

$30人 \times \dfrac{1}{2} \times 100 = 1500人$
　　　　　↳ 1％の数を100倍すれば全体の量になる
↓
2でわることは1％の大きさを求めること

$$\text{部分の量} \times \dfrac{100}{A} = \text{全体の量} \quad (Aは％の数字)$$

答え　1500人

パターン5　％を求める

例　1500人の村でメガネをかけている人が30人いるとき、この人たちは全体の村人の何％ですか。

解き方のコツ　→ある部分が1％の何倍かを求める－ある部分を1％の量でわる。
問題文　= 30人は1500人の何％か。

1％の量を求めると

$\dfrac{1500人}{100} = 15人$

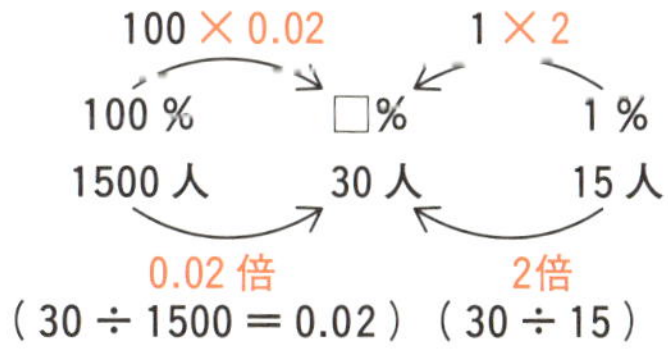

30人は全体の何％かと聞かれているのだから

$30 \div 15 = 2$

100 × 0.02　　　1 × 2
100％　　□％　　1％
1500人　30人　15人
　0.02倍　　　2倍
（30÷1500=0.02）（30÷15）

── ある部分（30人）を全体でわって100倍しても同じ ──

$30人 \div 1500人 \times 100 = \dfrac{30}{1500} \times 100 = 2$

答え　2％

割合・百分率　1

[パターン1]

① 28.3％は何割何分何厘ですか。　　　　　　　　答え _____

② 8割1分7厘は何％ですか。　　　　　　　　　　答え _____

③ 1に対して、0.365は何％ですか。　　　　　　　答え _____

[パターン2]

① 人口1000人の村の場合、1％の人口は何人ですか。　答え _____

② 車19600台の1％は何台ですか。　　　　　　　　答え _____

③ 塩18gの1％は何gですか。　　　　　　　　　　答え _____

④ 牛乳185ℓの1％は何ℓですか。　　　　　　　　答え _____

[パターン3]

① 林に200本の木が生えています。そのうち2％が桜です。
　桜の木は何本ありますか。

　　　　　　　　　　　　　　　　　　　　　　　　答え _____

② 150個のリンゴの30％が長野産です。
　長野産のリンゴはいくつありますか。

　　　　　　　　　　　　　　　　　　　　　　　　答え _____

③ 850人の生徒のうち48％が女子生徒です。女子生徒は何人ですか。

　　　　　　　　　　　　　　　　　　　　　　　　答え _____

④ ミカン500個のうち、7.4％に葉っぱがついていました。
　葉っぱつきミカンは何個ありますか。

　　　　　　　　　　　　　　　　　　　　　　　　答え _____

⑤ 牛乳456ℓのうち75％は売れました。残りは何ℓですか。

　　　　　　　　　　　　　　　　　　　　　　　　答え _____

⑥ 1500円のくつが20％引きで売られています。
　このくつはいくらでしょうか。　　　　　　　　　答え _____

割合・百分率　2

[パターン4]

① Tシャツを定価の70％の金額である1750円で買いました。
もとの値段はいくらですか。

答え _____

② バーゲンセールで3840円の服を買いました。これは定価の2割引きにあたります。
この服の定価はいくらですか。

答え _____

③ ある駐車場に49台の車がとまっています。この状態での駐車率は70％です。
この駐車場の収容台数は何台ですか。

答え _____

④ 牧場に牛と馬がいます。そのうち45％にあたる306頭が牛です。
馬は何頭ですか。

答え _____

[パターン5]

① 200円のノートを安売りで120円で買いました。
定価の何％で買ったことになりますか。

答え _____

② 5600円のジャケットを4200円で買いました。
定価の何％で買ったことになりますか。

答え _____

③ 700人のうち、49人は何％ですか。

答え _____

④ 奈良公園の560頭の鹿のうち196頭が子鹿です。子鹿は全体の何％ですか。

答え _____

算数 12 濃度の計算

スピード攻略篇

ポイント
1. 百分率の考え方で問題を解く。式も百分率と同じ
2. 溶けているものの量÷溶液全体の量×100＝A％（濃度）
3. 溶けているものの量÷$\frac{A\%（濃度）}{100}$＝溶液全体の量
4. 溶液全体の量×$\frac{A\%（濃度）}{100}$＝溶けているものの量

濃度とは溶液の濃さのことで、％（パーセント）で表します。％は「100に対していくらか」ということでしたね（76ページ）。

たとえば、200ｇの砂糖水に48ｇの砂糖が溶けている場合、$\frac{48}{200}=\frac{24}{100}$、つまり100ｇの砂糖水の中に24ｇの砂糖が溶けているということになります。これを濃度24％といいます。

では、次の例題を考えていきましょう。

パターン 1 濃度（％）を求める

例 600ｇの砂糖水の中に90ｇの砂糖が溶けています。この砂糖水の濃度は何％ですか。

解き方のコツ →濃度も「部分の量÷全体の量」で求める。

$$90g ÷ 600g = \frac{90}{600} = 0.15 \left(\frac{15}{100}\right)$$

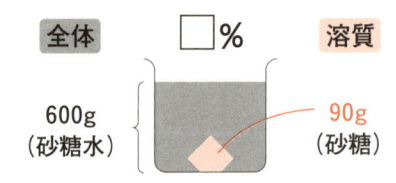

全体　□％　溶質

600g（砂糖水）　90g（砂糖）

答え　15％

つまりこの砂糖水の濃度は15％です。

溶けているもの（溶質）の量÷溶液全体の量×100＝A％（濃度）

パターン 2　溶液の量を求める

例 水に 30 g の砂糖を溶かして、20％の砂糖水を作りました。砂糖水は何 g できたでしょうか。

解き方のコツ → まず、砂糖水 1 g 中の砂糖の量を求める。

20％とは、<u>100 g の砂糖水</u> に対して <u>20 g の砂糖</u>が、つまり <u>1 g の砂糖水</u> に <u>0.2 g の砂糖</u> が溶けているということです。

$$20\% \cdots\cdots \frac{20\text{g}}{100\text{g}} \rightarrow \frac{0.2\text{g}}{1\text{g}}$$

ですから、30 g が 0.2 g の何倍か、を考えます。

30 g ÷ 0.2 g = 150 倍

つまり、150 g の砂糖水が作れます。

答え　　150 g

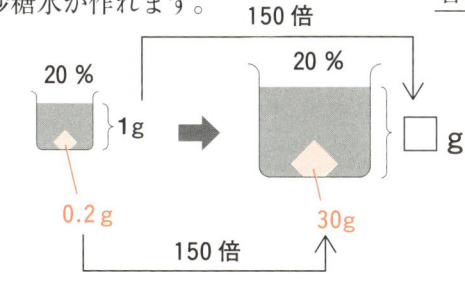

溶けているもの（溶質）の量 ÷ $\frac{A\%（濃度）}{100}$ ＝ 溶液全体の量

パターン 3　溶質の量を求める

例 12％の砂糖水 250 g の中に砂糖は何 g 溶けていますか。

解き方のコツ → 溶液全体の量にパーセントをかけて 100 でわる。

$250\text{g} \times 12\% \div 100$

$= 250\text{g} \times \frac{12}{100}$

$= 250\text{g} \times 0.12$

$= 30\text{g}$

> 慣れてきたらここからスタートできる
> 22％の砂糖水だったら 0.22 を
> 10％の砂糖水だったら 0.1 をかける

250 g × 0.12 ＝ 30 g
砂糖水　砂糖の濃度は 12％である　砂糖

答え　　30 g

溶液全体の量 × $\frac{A\%（濃度）}{100}$ ＝ 溶けているもの（溶質）の量

濃度の計算　1

[パターン１]

① 300gの砂糖水の中に15gの砂糖が溶けています。
　　この砂糖水の濃度は何%ですか。

答え＿＿＿＿＿＿

② 80gの砂糖水の中に16gの砂糖が溶けています。
　　この砂糖水の濃度は何%ですか。

答え＿＿＿＿＿＿

[パターン２]

① 水に39gの砂糖を溶かして3%の砂糖水を作ると、砂糖水は何gできますか。

答え＿＿＿＿＿＿

② 水に48gの砂糖を溶かして40%の砂糖水を作ると、砂糖水は何gできますか。

答え＿＿＿＿＿＿

③ 水に39gの砂糖を溶かして26%の砂糖水を作ると、砂糖水は何gできますか。

答え＿＿＿＿＿＿

[パターン３]

① 5%の砂糖水が360gあります。この中に溶けている砂糖は何gですか。

答え＿＿＿＿＿＿

② 3%の砂糖水が900gあります。この中に溶けている砂糖は何gですか。

答え＿＿＿＿＿＿

③ 25%の砂糖水が48gあります。この中に溶けている砂糖は何gですか。

答え＿＿＿＿＿＿

算数 13 スピード攻略篇　比・比例

ポイント
1. 比は最も簡単な整数で表す　例 50：20 → 5：2
2. 分数や小数を比で表すときは、分数・小数を整数に直す
3. 内項の積＝外項の積

比とは？

比は、大きさを比べる方法です。比は最も簡単な整数で表します。たとえば、50人と20人の比は5：2となります。公約数（両方をわれる数）でわっていきます。

例 900円と300円を比で表しなさい。

解き方のコツ → 最大公約数でわる。

$$900円 : 300円 = 9 : 3 = 3 : 1$$
（÷100, ÷3）

300でわったのと同じ
（結局、最大公約数でわることになる）

3：1は3対1と読みます。
：の前の数と、後ろの数に同じ数をかけたり、わったりしても比は変わりません。
分数や小数で表された比は、整数の比の形に直します。

① $\dfrac{1}{3} : \dfrac{1}{5} = \dfrac{1}{3} \times 15 : \dfrac{1}{5} \times 15 = 5 : 3$

分母を消すために15をかけた
（3と5の最小公倍数）

② $0.8 : 3.2 = 0.8 \times 10 : 3.2 \times 10 = 8 : 32 = 1 : 4$

両方に10をかけて小数点を消す

内項の積＝外項の積

比の式では、次のことが成り立ちます。

内項（内側の2つの数字）の積は、外項（外側の2つの数字）の積に等しい

内項の積 150 × 4 = 600
200円 : 150円 = 4 : 3
外項の積 200 × 3 = 600

内項の積　150 × 4 = 600
外項の積　200 × 3 = 600

連比

例 A君とB君のおこづかいの比は3：4です。B君とC君のおこづかいの比は5：6です。A君、B君、C君のおこづかいの比は何対何対何ですか。

解き方のコツ →B君が両方の比に共通するので、B君に比を合わせる。

A君：B君　　　　　 = 3：4　　　　　= 15：20
　　　　　　　　　　　×5 ×5
B君：C君 =　　　　　5：6　　　　　=　　20：24
　　　　　　　×4 ×4

A君：B君：C君　　　　　　　　　　 = 15：20：24 ……連比

比例配分

例 A君、B君が、5：4でお金を出しあって、450円のマンガを買いました。それぞれ、いくらずつ出したでしょうか。

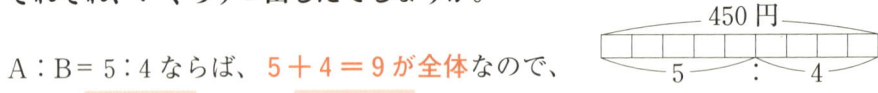

A：B＝5：4ならば、5＋4＝9が全体なので、

A君は全体の $\frac{5}{9}$、B君は全体の $\frac{4}{9}$ を払ったことになります。ですから、

A君が払ったのは 450円× $\frac{5}{9}$ ＝250円

B君が払ったのは 450円× $\frac{4}{9}$ ＝200円

2つの変化する数量

例 毎時4kmで4時間歩くと、何km進みますか。

時間	1時間	2時間	3時間	4時間
進んだ距離	4 km	8 km	12 km	16 km

（2倍、3倍、4倍）

時間が2倍、3倍…と変化するのに対応して、進んだ距離も2倍、3倍…と変化しています。

この場合、時間と進んだ距離の比は変わりません。

　　1時間と　4 km　　　　　　　1：4
　　2時間と　8 km　　　2：8 ＝ 1：4
　　3時間と12 km　　　3：12 ＝ 1：4
　　4時間と16 km　　　4：16 ＝ 1：4

このように、同じ比率で変化する2つの数の関係を比例するといいます。

比・比例　1

[比]

1　次の比を最も簡単な整数の比にしなさい。

① $24:4=[\quad]:[\quad]$　　② $48:18=[\quad]:[\quad]$

③ $0.3:1.2=[\quad]:[\quad]$　　④ $4.8:3.2=[\quad]:[\quad]$

⑤ $\dfrac{5}{12}:\dfrac{4}{3}=[\quad]:[\quad]$　　⑥ $\dfrac{4}{3}:\dfrac{5}{6}=[\quad]:[\quad]$

[文章題]

2　次の問いに答えなさい。

① Aのおこづかいは600円、Bのおこづかいは400円です。
2人の金額をもっとも簡単な整数の比で表しなさい。

答え＿＿＿＿＿＿＿

② 1200円と840円の比をもっとも簡単な整数の比で表しなさい。

答え＿＿＿＿＿＿＿

③ A組の男女の比は3：4です。
男子が15名いるとすると、女子は何名ですか。

答え＿＿＿＿＿＿＿

[連比]

3　次の問いに答えなさい。

① AさんとBさんが持っているお金の比は6：5で、BさんとCさんが持っているお金の比は2：5です。3人が持っているお金をもっとも簡単な整数の比で表しなさい。

答え＿＿＿＿＿＿＿

② A、B、Cの仕事をした時間の比はA：B＝$\dfrac{1}{5}:\dfrac{1}{6}$、B：C＝$0.2:0.3$です。
働いた時間の量のA：B：Cの比をもっとも簡単な整数の比で表しなさい。

答え＿＿＿＿＿＿＿

比・比例 ２

[比例配分]

４ 次の問いに答えなさい。

① 1400 ml のジュースを兄弟で４：３に分けると、兄と弟はそれぞれ何 ml ですか。

答え _____

② 480 m² の土地を５：３に分けて畑と花だんにしようと思います。畑と花だんはそれぞれは何 m² ですか。

答え _____

③ A君、B君、C君が、７：６：５でお金を出しあって、1260 円のマンガを買いました。それぞれ、いくらずつ出したでしょうか。

答え _____

[２つの変化する量]

５ 次の問いに答えなさい。

① 次の２つの数量のうち、比例する組み合わせに〇、そうでないものには✕をつけましょう。

ア　１個 120 円のジュースを買うときの、個数と代金の関係。（　　）
イ　自分の年齢と父親の年齢。（　　）
ウ　毎日５ページずつ本を読んでいくときの、日数と読んだページ数。（　　）
エ　立方体の一辺の長さと体積。（　　）
オ　底辺が 10cm の平行四辺形の高さと面積。（　　）

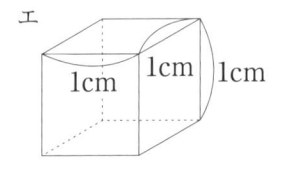

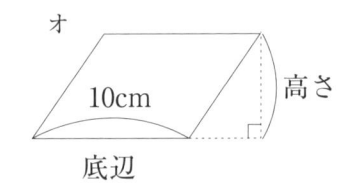

② △が★に比例するものには〇、そうでないものには✕をつけましょう。

ア
★	2	3	4	5	6	7
△	6	7	8	9	10	11
（　　）

イ
★	3	6	9	12	15	18
△	12	24	36	48	60	72
（　　）

ウ
★	9	8	7	6	5	4
△	54	48	42	36	30	24
（　　）

エ
★	5	6	7	8	9	10
△	15	14	13	12	11	10
（　　）

一次方程式スピード攻略篇

算数と数学はどう違うか

犯人をxとしてつかまえる

　小学校の算数と中学校の数学のどこが違うのでしょうか。
　ひとことで言えば、中学校の数学では「犯人（答え）をxとおいてつかまえる」ということを習います。
　たとえば下の問題を考えてみましょう。

例）分速100 mで400 mの道のりを歩くと、何分かかるでしょう。

　小学校時代の算数では「道のり÷時間＝速さ」「道のり÷速さ＝時間」「速さ×時間＝道のり」の三つの式を習いました。
　ですから小学校では「道のり÷速さ＝時間」の式をつかって
　　　400 m÷100 m/分＝4 分
　4 分と答えを出せます。
　でもかりにあなたが「道のり÷速さ＝時間」の式を忘れてしまって、「速さ×時間＝道のり」の式しか覚えていなかったとしましょう。
　中学の数学では、それでも問題を解くことができるのです。
　犯人（答え）をxとおくのです。
　ここでは分速100 mで400 mの道のりを歩き、x分かかったと考えます。
　すると「速さ×時間＝道のり」の式から
　　　100 m/分×x分＝400 mとなります。
　この$100x＝400$が一次方程式というものです。

　この一次方程式を解けば、何分かかったか、がわかることになります。解答と解き方は120ページで習いますが、わからない数をxやyの文字で表す。一見何でもないことのように見えますが、実はこのことで、世界は大きくかわっていくのです。
　それは「数えられるもの」という具体的なものから「数えられないもの」という抽象的、普遍的なものへの飛躍です。
　中学以降の数学はすべてこの抽象的・普遍的なxという考え方を発展させていきます。
　したがって、この一次方程式までを徹底的に習熟すれば、中学の数学は高校入試までつみあがっていくのです。

■「3・3システム」のやり方■

　「一次方程式スピード攻略篇」では、正の数・負の数から一次方程式の文章題まで、「3・3システム」を使って1カ月でマスターしてしまいましょう。

◎この「一次方程式スピード攻略篇」は、テキストに答えを書きこまず、ノートを使って学習します。下の表を見てください。基本的に毎日新しい単元をひとつ学び、前日、前々日に学習した単元を復習するのです。このやり方だと、ひとつの単元を3回くり返すことになり、定着度が抜群に高まるのです。これを「3・3システム」と言います。

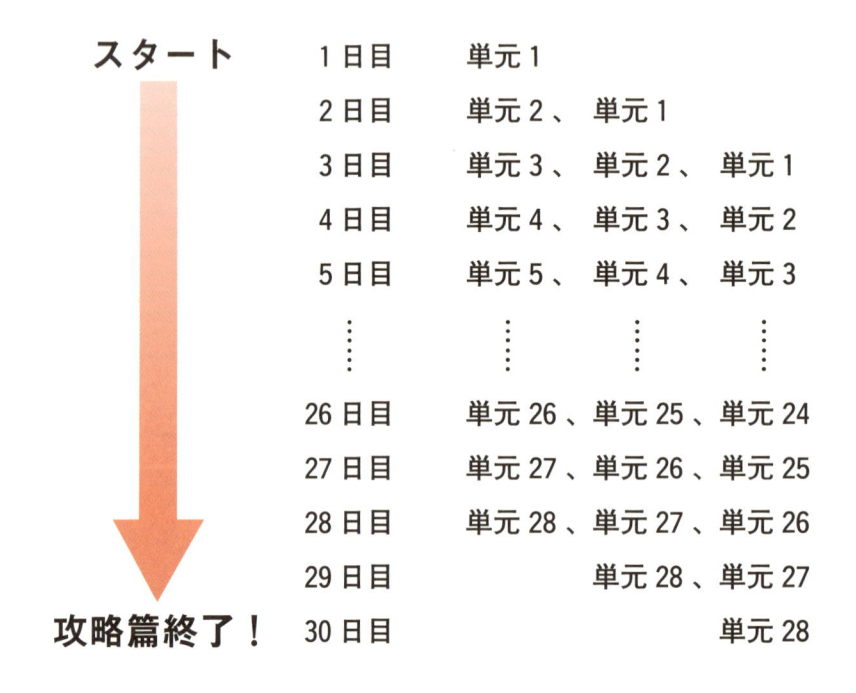

スタート	1日目	単元1	
	2日目	単元2、	単元1
	3日目	単元3、	単元2、　単元1
	4日目	単元4、	単元3、　単元2
	5日目	単元5、	単元4、　単元3
↓	⋮	⋮　　　⋮　　　⋮	
	26日目	単元26、単元25、単元24	
	27日目	単元27、単元26、単元25	
	28日目	単元28、単元27、単元26	
	29日目	単元28、単元27	
攻略篇終了！	30日目	単元28	

1日6ページを学習する時間のない人は、次ページのように工夫するといいでしょう。

◎ 目的によって、「3・3システム」はさまざまなパターンがあります。

① **基礎力をつけたい人は**……
初めて学習する単元は解説＋「ステップA」＋「ステップB」を、
復習の単元は「ステップA」のみをやり、基礎力をつけましょう。

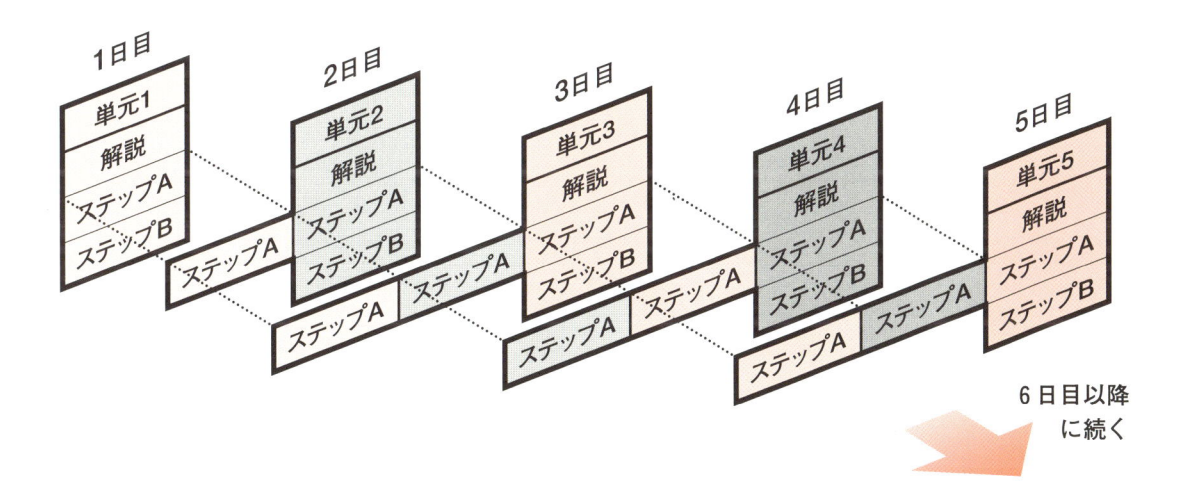

② **応用力をつけたい人は**……
初めて学習する単元は解説＋「ステップA」＋「ステップB」を、
復習の単元は「ステップB」のみをやり、応用力をきたえましょう。

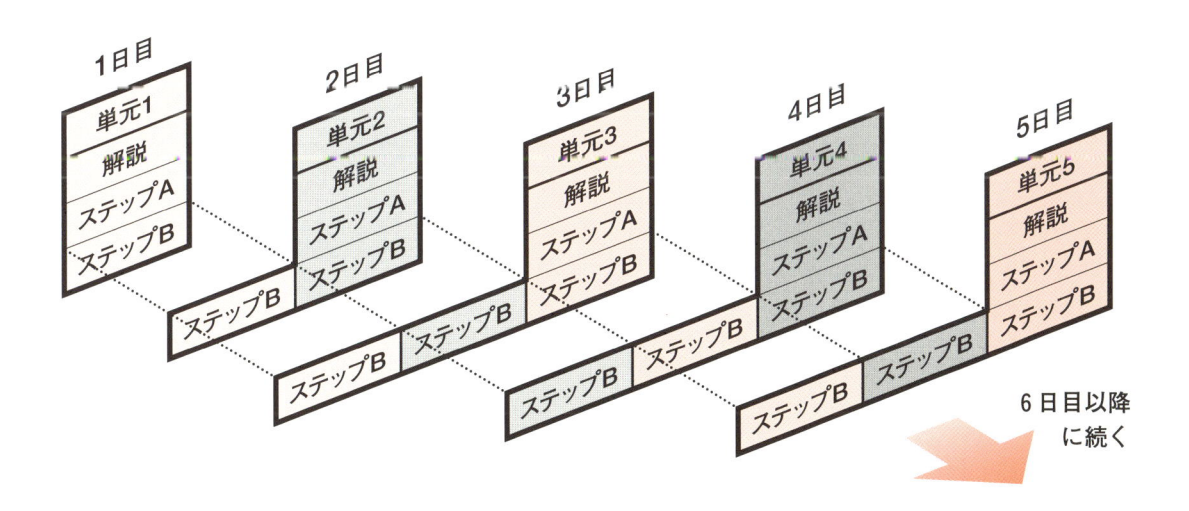

一次方程式 スピード攻略篇 1

正の数・負の数
加 法

ポイント ❶ たし算では、数字を入れかえて計算しても答えは同じ
（加法の交換法則）　例 $(-3)+(+2)=(+2)+(-3)$

正の数・負の数

＋2とは「0より2多い」こと。これに対して－2とは「0より2少ない」こと。
＋のついた数を**正の数**、－のついた数を**負の数**といいます。
0は正の数でも負の数でもありません。

例　「－2℃」とは「0℃より2℃低い」ことを意味します。

➡ 0からの距離を**絶対値**という。（数直線上では0を起点に正反対になる）

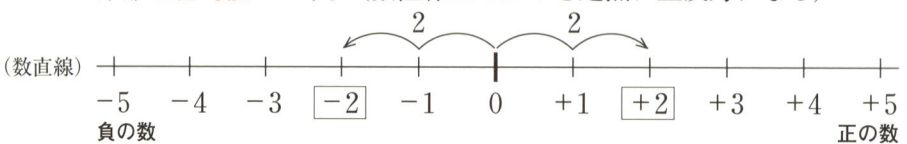

```
(数直線)  -5  -4  -3  -2  -1   0  +1  +2  +3  +4  +5
         負の数                                    正の数
```

ですから、「2」と「－2」の絶対値はどちらも2になります。0の絶対値は0です。

加法（たし算）

①同符号のとき

$(+3)+(+2)=+5$　　そのままたして
$(-3)+(-2)=-5$　　＋、－をつける

②異符号のとき

$(+3)+(-2)=+1$　　3－2と同じ
$(-3)+(+2)=-1$　　2－3と同じ

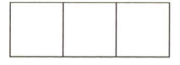

ステップ A

① (1)～(4)を＋または－の符号をつけて表しなさい。

(1) 0より2大きい数　　(2) 0より3小さい数

(3) 0より $\frac{1}{2}$ 大きい数　　(4) 0より0.5小さい数

② 上の(1)～(4)の数を数直線上に書きなさい。

```
-       -5                    0                    +5       +
←―――――――――――――――――――――――――――――――――――――――――――→
```

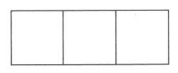

③ (+2)+(+3)=   ④ (+3)+(-5)=   ⑤ (+4)+(-9)=

⑥ (-7)+(+7)=   ⑦ (-8)+(+2)=   ⑧ (-8)+(+9)=

⑨ (+9)+(-4)=   ⑩ (+12)+(-5)=   ⑪ (+10)+(-4)=

⑫ (-3)+(-6)=   ⑬ (-7)+(-8)=   ⑭ (-5)+(-5)=

ステップ B

① (+15)+(+2)=   ② (-6)+(-7)=   ③ (+19)+(-6)=

④ (-11)+(+1)=   ⑤ (-34)+(-14)=   ⑥ 0+(-29)=

⑦ (+3.8)+(-4.1)=   ⑧ $\left(-\dfrac{3}{4}\right)+\left(-\dfrac{1}{4}\right)=$ ⑨ $\left(+\dfrac{2}{3}\right)+\left(-\dfrac{5}{6}\right)=$

⑩ (+5.2)+(-4.7)=   ⑪ (+15)+(-105)=   ⑫ $0+\left(-\dfrac{2}{7}\right)=$

⑬ (1)～(3)は-の符号を使わない言い方で、(4)～(6)は-の符号を使った言い方で表しなさい。

(1) -1000円高い
　　答え _____

(2) 東へ-3km進んだ
　　答え _____

(3) 点数が-20点下がった
　　答え _____

(4) 1000円の支出
　　答え _____

(5) 今から5年前
　　答え _____

(6) 30名の増加
　　答え _____

⑭ A君の体重は54kgで、クラスの平均体重よりも-4kg軽いということがわかりました。クラスの平均体重は何kgですか。

答え _____

一次方程式 スピード攻略篇 2 ― 正の数・負の数

減 法

ポイント

1. ― が 2 つ続くときは ＋ に変わる
   A－(－B)＝A＋B
2. －➡＋、＋➡－ と続くときは － になる
   A－(＋B)＝A＋(－B)＝A－B

― が 2 コ続くとき
(＋6)－(－2)＝＋6＋2＝＋8
(－5)－(－3)＝－5＋3＝－2

― が続かないとき
(＋3)－(＋2)＝＋3－2＝＋1
(－3)＋(－2)＝－3－2＝－5

ステップ A

① (＋2)－(＋3)＝

② (－7)－(－2)＝

③ (－9)－(＋7)＝

④ (＋1)－(＋2)＝

⑤ (－1)－(＋2)＝

⑥ (＋4)－(－2)＝

⑦ (＋8)－(－10)＝

⑧ (－8)－(＋5)＝

⑨ (＋12)－(－7)＝

ステップ B

① (－3)－(＋5)＝

② (－0.8)－(－0.3)＝

③ (－13)－(＋9)＝

④ (＋11)－(－1)＝

⑤ (－9)－(＋21)＝

⑥ (＋41)－(－38)＝

⑦ (+0.5)−(−1.8) =   ⑧ (−3.7)−(+8.9) =   ⑨ (+64)−(−46) =

⑩ (+0.2)−(−0.3) =   ⑪ $\left(-\dfrac{1}{4}\right)-\left(+\dfrac{1}{4}\right) =$ ⑫ $\left(-\dfrac{1}{3}\right)-\left(+\dfrac{4}{3}\right) =$

⑬ (+256)−(−129) =   ⑭ (−98)−(−12) =   ⑮ $\left(+\dfrac{1}{2}\right)-\left(+\dfrac{1}{4}\right) =$

⑯ (−8.4)−(1.6) =   ⑰ $\left(-\dfrac{3}{7}\right)-\left(-\dfrac{7}{2}\right) =$ ⑱ (−0.4)−(−0.6) =

⑲ (1)〜(3)は−の符号を使わない言い方で、(4)〜(6)は−の符号を使った言い方で表しなさい。

(1) −1000円安い

答え＿＿＿＿＿＿＿＿

(2) 西へ−3km進んだ

答え＿＿＿＿＿＿＿＿

(3) 点数が−20点上がった

答え＿＿＿＿＿＿＿＿

(4) 1000円の借り

答え＿＿＿＿＿＿＿＿

(5) 今から2時間前

答え＿＿＿＿＿＿＿＿

(6) 50名の増加

答え＿＿＿＿＿＿＿＿

⑳ A君の身長は172cmで、クラスの平均身長よりも−4cm高いということがわかりました。クラスの平均身長は何cmですか。

答え＿＿＿＿＿＿＿＿

3数以上の加法・減法

一次方程式 スピード攻略篇 3
正の数・負の数

ポイント
1. 項ごとにくぎって考える
2. 全部、たし算の形に変えてしまってから計算する

基本的に計算の決まり（72ページ）どおり、左から順にたしたり引いたりしていけばよいのですが、「項ごとにくぎる」練習をしておくと、複雑な計算（100〜105ページ）や一次方程式に強くなる基礎力が身につきます。

「項」というのは、「＋●」という形をした「数のかたまり」のことです。

例1 ＋1、−1
−1は＋（−1）とみなせるので、1項です。

例2 2×2、（−3＋5）
×や÷でつながれた数字や、（ ）も1つの項とみなします。

なお、ここからは、基本的に＋2、＋5などの正の数の符号は、はぶいて表します。ですから、符号のない数字はすべて、正の数と考えてください（例：5 ➡ ＋5のこと）。

それでは項ごとにくぎる練習をしてみましょう。

例3 5−3＋4−2

  5 　−3 　＋4 　−2 　← ①項ごとにくぎって考える
= 　9 　−5 　　　　　　← ②＋どうし、−どうしで計算し、数をまとめてしまう
= 　4

ステップ A

① 3−5＋7＝

② −7＋1−8−9＝

③ 2−4−6＝

④ −3＋6−6＋3＝

⑤ −6−8＋2−9＝

⑥ 9−3−7＋1＝

⑦　$2-14+9=$

⑧　$-6-7+19-3+5=$

⑨　$-8-16+8-4+22=$

⑩　$5-9-3-7+1=$

⑪　$-28+6-9+19-1=$

⑫　$-11-17+8-4+5=$

ステップB

①　$-12+8-6-60=$

②　$37-(-2)+(-9)-15=$

③　$6-(-10)+(-21)+5=$

④　$-5.6+(-0.4)+(-3)=$

⑤　$-\dfrac{3}{5}+\left(-\dfrac{2}{5}\right)+2=$

⑥　$-2+\dfrac{2}{3}+\dfrac{1}{6}-\left(-\dfrac{1}{6}\right)=$

⑦　$-15-(-22)+4+(-18)=$

⑧　1日目はA地点から東へ5km歩き、2日目はそこから西へ3km、3日目はさらに西へ7km進みました。東の方向を+とすると、現在の位置はA地点から東へ何kmの地点ですか。

答え _____

⑨　下の表は、野球部員5人の身長が、平均身長の165cmより何cm高いかを示したものです。一番身長の高い部員は一番身長の低い部員よりも何cm高いですか。

野球部員	A	B	C	D	E
165cmとの違い(cm)	+7	-6	0	-16	+3

答え _____

4 乗法・除法

一次方程式 スピード攻略篇

正の数・負の数

ポイント
1
＋×＋＝＋　　　　　　　＋÷＋＝＋
－×＋＝＋×－＝－　　　－÷＋＝＋÷－＝－
－×－＝＋　　　　　　　－÷－＝＋

① 乗法（かけ算）

$(+3)×(+2)= +6$
$(+3)×(-2)= -6$
$(-3)×(-2)= +6$

② 除法（わり算）

$(+6)÷(+3)= +2$
$(+6)÷(-3)= -2$
$(-6)÷(-3)= +2$

－×－はなぜ＋になるか

中学生になって初めて出てくる－2といった数字にどんな意味があるのでしょう。たとえば、－という考え方をもちいることで、未来と過去とを数字で表すことができます。

たった今を0時とすると、今から2時間後は＋2時、今から2時間前は－2時と表すことができます。

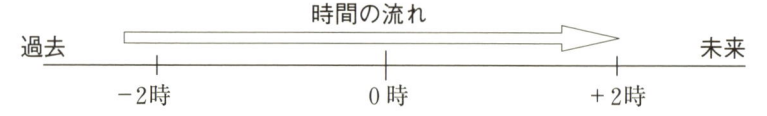

```
            時間の流れ
過去 ─────────────────────→ 未来
      －2時    0時    ＋2時
```

同じようにして数直線を一本道にみたて東の方角を＋とすると西の方角は－となります。0はあなたが現在いる地点です。ここで－2kmというのは0地点から2km西にいった地点という意味になります。

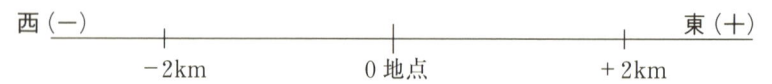

```
西（－）                         東（＋）
      －2km   0地点   ＋2km
```

さて、0地点にいるあなたの目の前を時速6kmで旅人が西に向かってとおりすぎていきました。この旅人は2時間前にはどこにいたでしょうか。

考え方 時速6kmで西（－の方角）に向かって旅人は歩いているのだから、その速度は
－6 km/時で表される。
2時間前とは－2時のことである。
したがって、速度×時間＝距離だから、
－6 km/時×(－2 時)＝(－6)×(－2)＝12 km

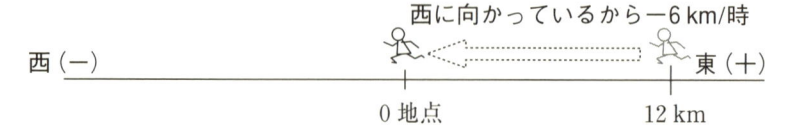

西に向かっているから－6 km/時
西（－）　　　　　　　　　　　　　　東（＋）
　　　　　　　0地点　　　12 km

答え　0地点から東に12 kmの地点

ステップ A

① $7 \times (-5) =$

② $(-2) \times 4 =$

③ $(-8) \times (-9) =$

④ $(-3) \times 0 =$

⑤ $8 \div (-2) =$

⑥ $(-9) \div 3 =$

⑦ $(-8) \div (-2) =$

⑧ $(-5) \div (-10) =$

⑨ $(-8) \times (-3) =$

⑩ $(-12) \times 6 =$

⑪ $0 \div (-27) =$

⑫ $(-7.2) \div 0.9 =$

ステップ B

① $(-200) \div (-20) =$

② $39 \div (-13) =$

③ $(-132) \div 44 =$

④ $(-50) \times (-100) =$

⑤ $(-3) \times (-8) \times 3 =$

⑥ $(-30) \times 2 \div 5 =$

⑦ $\dfrac{5}{3} \div (-10) =$

⑧ $0 \div (-300) =$

⑨ コインを投げて表が出たら -2 点、裏が出たら -3 点として 10 回投げました。裏が出た回数の合計点数は -18 点でした。裏は何回出たのでしょうか。また、表の合計点数は何点になりますか。

答え _____

⑩ あなたの目の前を、旅人が時速 4 km で西から東に向かってとおりすぎていきました。この旅人は 3 時間前にはどこにいたでしょう。

答え _____

累乗

一次方程式 5 スピード攻略篇　正の数・負の数

ポイント

1. 同じ数をいくつかかけたものを累乗(るいじょう)といい、かけた回数を右上に書く　例 $(-2)\times(-2)=(-2)^2$
2. －が偶数個 ➡ 答えは＋　　－が奇数個 ➡ 答えは－

同じ数をいくつかかけたものを累乗(るいじょう)といいます。2回かけたら2乗、3回かけたら3乗といい、次のように表します。

$$2\overset{\text{指数}}{^2}=2\times 2=4 \qquad 2^3=2\times 2\times 2=8$$
（にのにじょう）　　　　（にのさんじょう）

2乗

$2^2=2\times 2=4$ ➡ －が0コ
$(-2)^2=(-2)\times(-2)=4$ ➡ －が2コ
$-2^2=-(2\times 2)=-4$ ➡ －が1コ
$-(-2)^2=-(-2)\times(-2)=-4$ ➡ －が3コ
$-(-2^2)=-\{-(2\times 2)\}=4$ ➡ －が2コ

> 計算よりも、まず符号を判断する
> －が偶数個 ➡ 答えは＋
> －が奇数個 ➡ 答えは－

※ 0も偶数です

3乗

$(-2)^3=(-2)\times(-2)\times(-2)=-8$ ➡ －が3コ
$-2^3=-(2\times 2\times 2)=-8$ ➡ －が1コ
$-(-2)^3=-(-2)\times(-2)\times(-2)=8$ ➡ －が4コ
$-(-2^3)=-\{-(2\times 2\times 2)\}=8$ ➡ －が2コ

累乗をふくむ計算

$(-2)^3\div(-4)=(-2)\times(-2)\times(-2)\div(-4)=2$ ➡ －が4コ
$(-2)^2\times(-5)\div 10=(-2)\times(-2)\times(-5)\div 10=-\dfrac{\overset{2}{\cancel{20}}}{\underset{1}{\cancel{10}}}=-2$ ➡ －が3コ

ステップ A

① $3^2=$
② $2^3=$
③ $4^2=$

④ $3^3=$
⑤ $7^2=$
⑥ $10^2=$

⑦ 次のかけ算を累乗の式で表しなさい。

(1) $7 \times 7 \times 7 =$

(2) $(-3) \times (-3) =$

(3) $(-6) \times (-6) \times (-6) \times (-6) =$

⑧ $5^2 =$　　⑨ $-4^2 =$　　⑩ $(-8)^2 =$　　⑪ $-(-7)^2 =$

⑫ $(-4)^3 =$　　⑬ $-(-2^3) =$　　⑭ $-2^3 =$　　⑮ $-(-2)^3 =$

ステップ B

① $-(-9)^2 =$　　② $(-1)^8 =$　　③ $-(-5)^2 =$

④ $-(-5^2) =$　　⑤ $-(-10^3) =$　　⑥ $-10^5 =$

⑦ $(-4^2) \times (-4) =$　　⑧ $(-8) \div (-2^3) =$　　⑨ $\left(-\dfrac{1}{2}\right)^2 \times \left(-\dfrac{1}{3}\right)^2 =$

⑩ $4^2 \times \left(-\dfrac{1}{4}\right)^2 =$　　⑪ $(-3)^2 \div (-3^2) =$

⑫ 1辺の長さが5cmの立方体の体積を求めなさい。

答え _____

⑬ 次の(1)〜(6)の中から−8と等しいものをすべて選び、番号で答えなさい。

(1) 2^3　　(2) -2^3　　(3) -4^2　　(4) -2^4　　(5) $-(-2^3)$　　(6) $(-2)^3$

答え _____

一次方程式 スピード攻略篇 6

正の数・負の数
四則の混じった計算①

ポイント

1 項ごとにくぎって考える
　①×や÷でつながれた数字は、1つの項とみなす
　②（　）も1つの項とみなす　**例**（−2−3）

2 加減（＋、−）よりも、乗除（×、÷）を先に計算する

加法（たし算）、減法（ひき算）、乗法（かけ算）、除法（わり算）の4つをまとめて**四則**といいます。四則が混じった計算では、項ごとにくぎって考えることが計算のコツです。項ごとにくぎる力を身につけましょう。

例1
$-8 + 4 \times (-9)$
$= \boxed{-8} \; \boxed{+4 \times (-9)}$
$= \boxed{-8} \; \boxed{-36}$
$= -44$

① 項ごとにくぎって考える
　×や÷でつながれた数字は
　1つの項とみなす
② 項ごとに計算する

例2
$(-3-5) - (-8) \times 2$
$= \boxed{(-3-5)} \; \boxed{-(-8) \times 2}$
$= \boxed{-8} \; \boxed{-(-16)}$
$= -8 + 16$
$= 8$

① 項ごとにくぎって考える
　（　）は1つの項とみなす
② 項ごとに計算する

ステップ A

① $15 + (-9) \times (-5) =$

② $(-12) \div (-4 + 3) =$

③ $2 - 6 \div (-3) =$

④ $(6-2) \times 7 =$

⑤ $(-9) \times 8 - (-18) =$

⑥ $(-14) \div (8-10) =$

⑦ $(-5)\times 3-(-3)\times(-7)=$

⑧ $16\div(-4)+(-18)\div(-9)=$

⑨ $(-24)\div 6+(-2)\times 6=$

⑩ $8\times(-2)-(-18)\div 3=$

ステップB

① $(-5)\times(-2)+20\times(-3)\div 2=$

② $100\times(-0.8)+10\div(-5)=$

③ $0\div(-20)+9\div(-2-1)=$

④ $(-2.6)\times 0+(-9)\div 0.3+(-2)=$

⑤ $\left(-\dfrac{5}{4}\right)\div\left(-\dfrac{10}{3}\right)\times\left(-\dfrac{8}{3}\right)+1=$

⑥ AさんとBさんがさいころでゲームをしました。奇数の目が出たら+3点、偶数の目が出たら-2点とし、さいころを5回ずつふったところ、Aさんは6、1、3、2、3の目が出て、Bさんは2、1、4、6、2の目が出ました。AさんBさんのそれぞれの合計得点を出しなさい。

答え _____

⑦ 空気中を伝わる音の速さは、気温が0℃のとき毎秒332mで、気温が1℃下がると毎秒0.6m遅くなります。-15.5℃のときの、音の速さを求めなさい。

答え _____

7 四則の混じった計算②（累乗）

一次方程式 スピード攻略篇

正の数・負の数

ポイント
1. 累乗はふつうのかけ算に直して計算する
2. （ ）の中を先に計算する

累乗をふくむ四則の混じった計算

例　$5 \times (-2)^2 + 18 \div 3^2$
　　$= 5 \times (-2) \times (-2) + 18 \div (3 \times 3)$　　① 項ごとにくぎって考える
　　　　　　　　　　　　　　　　　　　　　　② 累乗はふつうのかけ算の形に直す
　　$= 5 \times 4 + \dfrac{18}{9}$　　③ 項ごとに計算する
　　$= 20 + 2$
　　$= 22$

（ ）のある計算

（ ）の中を先に計算します。

例1　$(-2+3) \times 4 = 1 \times 4 = 4$
　　　　先に計算する

例2　$5 \times (-3-2) = 5 \times (-5) = -25$
　　　　　　先に計算する

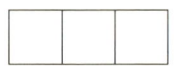

ステップ A

① $(-5) + 8 \div (-2)^2 =$

② $6 - (-3)^2 \times (-4) =$

③ $-2^3 - 3 \times (-5) =$

④ $(-7) - (-1)^2 \times 6 + 3 =$

⑤ $24 - 16 \div (-4)^2 =$

⑥ $(-4^2) \div 2 - (-3) + (-9) =$

⑦ $5^2+(-7)\times(-1)-(-6)=$

⑧ $(-8)-(-4)+(-9)^2\div(-3)=$

⑨ $(-4)\times 6+(-5)\times 6=$

⑩ $(-4-5)\times 6=$

⑪ $\left(\dfrac{3}{8}-\dfrac{1}{3}\right)\times 12=$

⑫ $(-9)\times 9+(-9)\times 21=$

ステップ B

① $2^2\times 5-(-2)^2\times 8=$

② $18\div(-3^2)+(-1)^2\times(-7)=$

③ $96\div(-2^3)+(-3)^2\times 5=$

④ $(-4)^2\div(-2^2)-8\times(-3)-(-6)=$

⑤ $(-3)^2\times(-1)-(-5)+2=$

⑥ $12\div\left(-\dfrac{2}{3}\right)^2(\ 7\ )\times(\ 5\ )=$

⑦ $(-10)^2\times 0.2+18\div(-3)=$

⑧ $\left(-\dfrac{2}{3}\right)^2\div\dfrac{16}{3}-\left(-\dfrac{1}{2}\right)^3=$

⑨ $(-2)\times(-19)+(-2)\times 24=$

⑩ $5\times(-18)+5\times(-22)=$

8 { }のある式

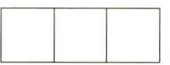

一次方程式 スピード攻略篇 / 正の数・負の数

ポイント ≫ **1** ( ) ➡ { } ➡ その他の順に計算する

例 1

$$17+3\times\{-5-(-3)\}$$
$$= 17+3\times(-5+3)$$
$$= 17+3\times(-2)$$
$$= 17-6$$
$$= 11$$

{ }のついた式は { }の中から計算する

例 2

$$-10-4\times\{8-2\times(-3+5)\}$$
$$= -10-4\times(8-2\times2)$$
$$= -10-4\times(8-4)$$
$$= -10-4\times4$$
$$= -10-16$$
$$= -26$$

{ }の中でも、まず ( )の中を計算する

ステップ A

① $13+9\div\{5-(-4)\}=$

② $11+12\div\{4-(-2)\}=$

③ $17+2\times\{-6-(-4)\}=$

④ $15+4\times\{-2-(-1)\}=$

⑤ $\{5-(-3)\}\times2-12=$

⑥ $\{7-(-8)\}\div3-2=$

⑦ $13-\{-6-(4-8)\times 3\}=$

⑧ $20+\{-4-(6-4)\div 2\}=$

⑨ $4\times\{-11+(-39)\}-4\times 6=$

ステップB

① $4\times\{-12-(-3)\}+4\times 9=$

② $16\div\{-8-(-6)\}-4\times 3=$

③ $5-3\times\{(2-3)^2\times(-4)\}=$

④ $9+12\div\{(4-2)^2\times(-3)\}=$

⑤ $18\div\{(2-5)^2\div 3\}-2=$

⑥ $2^2+\{7-(2-6)\div 4\}=$

⑦ A～D 4人の身長をはかり、表にまとめました。Cを基準にし、Cより高いものを＋、低いものを－として表しています。Cの身長が162cmのとき、全員の身長の平均を求めなさい。

生徒	A	B	C	D
身長の差(cm)	+6	+2	0	-4

答え

一次方程式 9 スピード攻略篇

文字と式
乗法①

ポイント
1. 文字の混じった乗法では、×の記号をはぶく
2. 数字が文字の前にくる　例 $4x$、$-2y$
3. 1 ははぶいて表す　例 $1 \times x = x$　$-1 \times x = -x$

例1 $x \times 2 = 2x$ 〔×をはぶいて表す／数字が文字の前にくる〕　　$x \times (-2) = -2x$

例2 $x \times 1 = x$ 〔1 ははぶいて表す〕　　$x \times (-1) = -x$

例3 $x \times 0.1 = 0.1x$ 〔小数点以下の 1 は、はぶかない〕　　$x \times (-0.1) = -0.1x$

例4 $a \times b = ab$ 〔基本的に文字はアルファベット順に書く〕　　$a \times c \times b = abc$

例5 $x \times 2 \times y \times 5 = 10xy$ 〔数字は数字で計算し、文字の前におく〕

例6 $(n+3) \times 2 = 2(n+3)$ 〔( ) の前におく〕

ステップ A

① $5 \times a =$

② $-2 \times b =$

③ $0 \times y =$

④ $-1 \times a =$

⑤ $2 + 3 \times c =$

⑥ $6 \times b - 3 =$

⑦ $4×6×y=$ ⑧ $a-1×b=$ ⑨ $x×(-2)+4=$

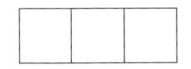

⑩ $a×b=$ ⑪ $c×a×b=$ ⑫ $4×(-2)×a×x=$

⑬ $0.2×a×5=$ ⑭ $3×a-4×b=$ ⑮ $x×0.1×y=$

ステップB

① $4×x=$ ② $x×(-3)=$ ③ $-x+y×0=$

④ $(-2)×x×3y=$ ⑤ $a×0.5×2b=$

⑥ $-(-1)×b×(-0.1)×c×a=$ ⑦ $a×(-1)+b×1=$

⑧ 次の数量を文字を使った式で表しなさい。
  (1) 縦が6cm、横が$y$cmの長方形の面積。

答え _____

  (2) 1個100gのおもりx個と1個agのおもりy個の合計の重さ。

答え _____

  (3) 時速$x$kmでy時間、車で走ったときに進んだ道のり。

答え _____

  (4) 毎月a円のおこづかいを3カ月ためて、b円の品物を5個買ったときに残った金額。

答え _____

乗法②（累乗）

一次方程式 10 スピード攻略篇
文字と式

ポイント 　**1** 同じ文字の積は、累乗の形で表す
　　　　例　$a \times a = a^2$　$2 \times a \times a = 2a^2$

例1　$a \times a = a^2$ （aが2こ）

例2　$a \times (-a) = -a^2$

例3　$(-a) \times (-a) = a^2$

例4　$x \times x \times x \times y \times y = x^3 y^2$ （xが3こ、yが2こ）

例5　$-3 \times a \times b \times a \times b = -3a^2 b^2$
　　　　　　　　　　　　　　　数字が文字の前にくる

例6　$0.2 \times x \times x \times 0.4 \times y \times y \times y = 0.2 \times 0.4 \times x \times x \times y \times y \times y$
　　　　　　　　　　　　　　　　　　　　$= 0.08 x^2 y^3$
　　　　　　　　　　　　　　　数字は数字で計算し、文字の前におく

ステップ A

① $a \times a \times a =$

② $x \times y \times y \times 3 =$

③ $0.5 \times (-2) \times x^2 =$

④ $x \times y \times y^2 =$

⑤ $x \times x \times y \times y \times a \times x =$

⑥ $x \times 5 \times y \times 4 \times (-y) \times x =$

⑦ $(-x)\times(-x)\times(-y)=$

⑧ $(-0.2)\times x\times(-5)\times x=$

⑨ $m\times 5\times n\times n\times 2=$

⑩ $0.1\times m\times m\times n\times n\times 0.3=$

ステップ B

① $a\times b\times a\times 2b=$

② $a\times a\times b\times c\times c=$

③ $2a\times 5a\times a\times 2y\times y=$

④ $2\times a\times b\times a\times a=$

⑤ 1辺が a m の正方形の土地があります。これについて、次の問いに答えなさい。

(1) この土地の面積を表しなさい。

答え _____

(2) この土地の1辺をそれぞれ2倍にしたときの面積を表しなさい。

答え _____

⑥ 次の体積を表す式を書きなさい。

(1) 1辺が x cm の立方体と1辺が y cm の立方体の体積の合計。

答え _____

(2) 1辺が x m の立方体の体積を cm^3 で表しなさい。

答え _____

11 除法

一次方程式 スピード攻略篇

文字と式

ポイント

1. 数字は数字で計算し、文字でくくる
   例 $3x \div 5 = (3 \div 5)x = \dfrac{3}{5}x$
2. 約分できるときは約分する
3. x や y などの文字も、数字と同じように約分できる
   例 $x \div x = \dfrac{\cancel{x}^1}{\cancel{x}_1} = 1 \qquad 2x \div x = \dfrac{2\cancel{x}^1}{\cancel{x}_1} = 2$

文字と数字の除法

例1 $x \div 1 = x \qquad\qquad x \div (-1) = -x$

例2 $x \div 2 = \dfrac{1}{2}x \qquad\qquad x \div (-2) = -\dfrac{1}{2}x$
（$\dfrac{x}{2}$ と書いてもよい）　　　　　　　　（$-\dfrac{x}{2}$ と書いてもよい）

例3 $3x \div 4 = \dfrac{3}{4}x \qquad\qquad 4x \div 4 = \dfrac{\cancel{4}^1}{\cancel{4}_1}x = x$
（$\dfrac{3x}{4}$ と書いてもよい）　　　　　　　（約分できるときは約分する）

例4 $(a+2) \div 5 = \dfrac{a+2}{5} \qquad\qquad (-5) \div (a+2) = -\dfrac{5}{a+2}$
（（ ）をはずす）

x や y などの文字も、数字と同じように、約分できる

例1 $x \div x = 1 \qquad\qquad x \div (-x) = -1 \qquad\qquad (-x) \div (-x) = 1$
（$\dfrac{\cancel{x}}{\cancel{x}}$ 約分する）　　　（$-\dfrac{\cancel{x}}{\cancel{x}}$ 約分する）　　　（－が2コで答えは＋になる）

例2 $ab \div ab = 1 \qquad\qquad ab \div abc = \dfrac{\cancel{a}\cancel{b}}{\cancel{a}\cancel{b}c} = \dfrac{1}{c}$

例3 $2x \div x = \dfrac{2\cancel{x}}{\cancel{x}} = 2 \qquad\qquad 2xy \div x = \dfrac{2\cancel{x}y}{\cancel{x}} = 2y$

例4 $4x \div 2x = \dfrac{\cancel{4}^2\cancel{x}}{\cancel{2}_1\cancel{x}} = 2 \qquad\qquad -4x \div (-2x) = \dfrac{-\cancel{4}^2\cancel{x}}{-\cancel{2}_1\cancel{x}} = 2$

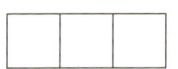

ステップ A

① $x \div 1 =$ 　　　　② $x \div (-1) =$ 　　　　③ $x \div x =$

④ $x \div (-x) =$ ⑤ $(-x) \div (-x) =$ ⑥ $ab \div 2a =$

⑦ $2x \div 3 =$ ⑧ $(-1) \div a =$ ⑨ $9x \div 3 =$

⑩ $2 \div (x+1) =$ ⑪ $3 \div (2y+1) =$ ⑫ $4a \div 2a =$

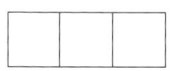

ステップ B

① $18y \div (-3) =$ ② $3x \div (-4) =$ ③ $-3ab \div a =$

④ 次の問いに答えなさい。

(1) x 秒は何分ですか。

答え _____

(2) ロープを 8 m 買ったとき、代金は a 円でした。ロープ 1 m の値段は何円ですか。

答え _____

(3) x km 進むためには、時速 a km で何時間かかりますか。

答え _____

(4) x m 離れた学校まで毎分 85 m で歩くと、何分かかりますか。

答え _____

12 四則混合計算

一次方程式 スピード攻略篇

文字と式

ポイント

1 ×、÷でつながれた数字と文字の決まり
　① 数字を先に書く
　② ×、÷を書かない
　③ 2つ以上の文字があるときは、アルファベット順に書く

例1　$a \times 5 \times b - 6 \div 3 \times a = \boxed{a \times 5 \times b} \boxed{-6 \div 3 \times a} = 5ab - 2a$

　　　　　　　　　　　　　　　項ごとにくぎっ　　　アルファベット順に書く
　　　　　　　　　　　　　　　て考える

例2　$a \times b - c = \boxed{a \times b} \boxed{-c} = ab - c$

例3　$a - b \times c = \boxed{a} \boxed{-b \times c} = a - bc$

例4　$a \div b + c = \boxed{a \div b} \boxed{+c} = \dfrac{a}{b} + c$

例5　$a - b \div c = \boxed{a} \boxed{-b \div c} = a - \dfrac{b}{c}$

例6　$a \div b \times c = \dfrac{a}{b} \times c = \dfrac{a \times c}{b} = \dfrac{ac}{b}$

例7　$a \div b \div c = a \times \dfrac{1}{b} \times \dfrac{1}{c} = \dfrac{a}{bc}$

ステップ A

① $a \times 3 - b =$

② $2a - 4 \times b =$

③ $3a \div b + 2 =$

④ $5 - 6x \div y =$

⑤ $4a \times 2b \div 6 =$

⑥ $5x \div y \div 10 =$

⑦ $2a \times 12 - 2b =$　　　　　　⑧ $6a \times 2b \div 4 =$

⑨ $12x - 24xy \div 8x =$　　　　　⑩ $5 \times 6x \times 4y - 3 \times x =$

ステップ B

① $2a \times b \times 3 + 4 \times 2b \times 2 =$　　② $x \times 4 \times 2y - 12 \div 8 \times x =$

③ 底辺が x cm、高さが y cm の三角形の面積を、文字を使った式で表しなさい。

答え _____

④ a 円のえんぴつ8本と、5円の消しゴムを y 個買った場合の代金の合計を、文字を使った式で表しなさい。

答え _____

⑤ $x\, \ell$ の水が入ったバケツから、$y\, d\ell$ のコップで3回くみ出した場合の残りの水の量を、文字を使った式で表しなさい。答えの単位は $d\ell$ にすること。

答え _____

同類項の計算

一次方程式 13 スピード攻略篇 文字と式

ポイント
1. 同類項はまとめる　例 $5x+3x=8x$
2. $1x$ や $-1x$ の1は、はぶく　例 $1x \Rightarrow x$　$-1x \Rightarrow -x$
3. 文字は文字、数字は数字でまとめる
   例 $2x+x+3+4=3x+7$

$3x$ と $5x$ のように、同じ文字を使った項を**同類項**といいます。文字を使った式や一次方程式を解くには、同類項どうしでまとめるのが基本になります。ここで、しっかり慣れておきましょう。

$$5x+3x=(5+3)x=8x \qquad 4y-2y=(4-2)y=2y$$

数字の部分は**係数**といいます

同類項はまとめる

例1 $2x+4x=6x$　　　例2 $-2x-4x=-6x$

例3 $-\dfrac{1}{4}x-\dfrac{1}{2}x=-\dfrac{1}{4}x-\dfrac{2}{4}x=\dfrac{-1x-2x}{4}=\dfrac{-3}{4}x=-\dfrac{3}{4}x$

係数の「1」ははぶく

例1 $-5x+4x=-1x=-x$　　　例2 $\dfrac{5}{7}x+\dfrac{2}{7}x=\dfrac{5x+2x}{7}=\dfrac{7}{7}x=1x=x$

係数が「0」になるときは、$0 \times x = 0$ になる

例 $5x-5x=0x=0$

文字は文字（同類項どうし）、数字は数字でまとめる

$x-a+2+4x-2a+2$
$=x+4x-a-2a+2+2$
$=5x-3a+4$

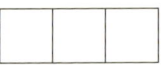

ステップ A

① $5x+3x=$　　　② $-4x-2x=$　　　③ $-10a+9a=$

④ $6y-11y=$

⑤ $-23x+4x=$

⑥ $4a-8a+4a=$

⑦ $\dfrac{1}{4}x-\dfrac{3}{4}x=$

⑧ $-\dfrac{11}{2}a+\dfrac{3}{2}a=$

⑨ $-\dfrac{2}{9}x-\dfrac{2}{3}x=$

⑩ $x+0.1x+0.01x=$

⑪ $5x-6+4-x=$

⑫ $3.2y+y-(-0.8y)=$

⑬ $\dfrac{1}{4}a-\left(-\dfrac{3}{8}a\right)+\dfrac{1}{8}a=$

ステップ B

① $24a-3a+2a=$

② $-6a+3a-(-2a)+a=$

③ $-8y+4y-(-3y)=$

④ $-6x+2+4x-5=$

⑤ $3x+\dfrac{2}{3}x+\dfrac{1}{3}x=$

⑥ $\dfrac{7}{10}a-\dfrac{1}{2}a-\dfrac{1}{5}a=$

⑦ $\dfrac{2}{9}x+\left(-\dfrac{5}{9}x\right)-\dfrac{2}{3}x=$

⑧ $\dfrac{7}{8}x-x+\dfrac{3}{4}x=$

⑨ $5x-2a-(-3x)+2a=$

⑩ $-0.4x+2+(-1.3x)-4+0.7x=$

代入計算①

一次方程式 14 スピード攻略篇

文字と式

ポイント ≫ **1** 代入とは文字に数字を入れること

例1 $x=10$ のとき、$-2x$ の式の値を求めなさい。

$$-2x = -2 \times (10) = -20$$

例2 $x=-2$ のとき、$3x+12$ の式の値を求めなさい。

$$3x + 12 = 3 \times (-2) + 12 = -6 + 12 = 6$$

ステップ A

① $x=5$ のとき、$-3x$ の式の値を求めなさい。

答え _____

② $a=-3$ のとき、$6a$ の式の値を求めなさい。

答え _____

③ $b=2$ のとき、$2b-8$ の式の値を求めなさい。

答え _____

④ $x=-9$ のとき、$\dfrac{x}{3}$ の式の値を求めなさい。

答え _____

⑤ $a=5$ のとき、$-4a$ の式の値を求めなさい。

答え _____

⑥ $b=-14$ のとき、$7b$ の式の値を求めなさい。

答え _____

ステップ B

① $a=9$ のとき、$4a+12$ の式の値を求めなさい。

答え _____

② $b=-6$ のとき、$3b+5$ の式の値を求めなさい。

答え _____

③ $x=12$ のとき、$\dfrac{x}{2}+3$ の式の値を求めなさい。

答え _____

④ $x=-14$ のとき、$\dfrac{x}{7}-3$ の式の値を求めなさい。

答え _____

⑤ 次の問いに答えなさい。

(1) 1冊 x 円の本を4冊買ったときの代金を表す式を書きなさい。

答え _____

(2) 上の問題で $x=250$ のとき、代金はいくらですか。

答え _____

⑥ 次の問いに答えなさい。

(1) 500円玉で、1枚 x 円の切手を5枚買ったときのおつりを表す式を書きなさい。

答え _____

(2) 上の問題で $x=80$ のとき、おつりはいくらですか。

答え _____

一次方程式 15 スピード攻略篇　文字と式

代入計算②

例1　$a=1$、$b=-2$ のとき、$4a+3b$ の式の値を求めなさい。

$$4a+3b=4\times(1)+3\times(-2)=4+(-6)=-2$$

例2　$a=-2$ のとき、$4a^2$ の式の値を求めなさい。

$$4a^2=4\times(-2)\times(-2)=4\times4=16$$

ステップ A

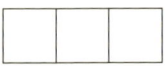

① $a=4$、$b=3$ のとき、$2a+3b$ の式の値を求めなさい。

答え

② $a=3$ のとき、$5a^2$ の式の値を求めなさい。

答え

③ $a=5$、$b=3$ のとき、$2ab$ の式の値を求めなさい。

答え

④ $a=-3$、$b=-2$ のとき、a^2+b の式の値を求めなさい。

答え

⑤ $a=2$、$b=-5$ のとき、$-3a+4b$ の式の値を求めなさい。

答え

ステップ B

① $a=-4$、$b=7$ のとき、$-5a-2b$ の式の値を求めなさい。

答え _____

② $a=-3$ のとき、$3a^2$ の式の値を求めなさい。

答え _____

③ $a=-5$ のとき、$-4a^2$ の式の値を求めなさい。

答え _____

④ $a=-3$、$b=4$ のとき、$5ab$ の式の値を求めなさい。

答え _____

⑤ $a=6$、$b=-4$ のとき、$-3ab$ の式の値を求めなさい。

答え _____

⑥ 次の問いに答えなさい。

(1) たての長さが a cm、横の長さが b cm の長方形の面積を表す式を書きなさい。

答え _____

(2) 上の問題で $a=5$、$b=7$ のとき、長方形の面積は何 cm² ですか。

答え _____

⑦ 次の問いに答えなさい。

(1) 百の位が x、十の位が 5、一の位が y である 3 けたの整数を表す式を書きなさい。

答え _____

(2) 上の問題で $x=2$、$y=6$ のときの 3 けたの整数を求めなさい。

答え _____

一次方程式 16 スピード攻略篇

一次方程式（基本）

$$ax = b$$

ポイント ＜等式の性質＞

1. 両辺に同じものをかけてもよい　A＝B ➡ A×C＝B×C
2. 両辺を同じものでわってもよい　A＝B ➡ $\frac{A}{C} = \frac{B}{C}$ （ただしC≠0）
3. 両辺を左右入れかえてもよい　　A＝B ➡ B＝A

等式……＝で結ばれた式
　　例　$2+3=5$　$2x+3=5$

方程式…式の中の文字に、ある値を入れる（代入する）と、成り立つ等式

解………方程式を成り立たせる値

例1
　　　　両辺
　　$6x = 12$　←方程式
　　左辺　右辺
　　$x = \frac{12}{6}$　←両辺をxの係数6でわる
　　$x = 2$　←解

例2
　　$-6x = -9$
　　$x = \frac{-9}{-6} \cdot \frac{3}{2}$　←－を－でわると＋になる
　　$x = \frac{3}{2}$

　一次方程式の一次とは、文字がx^2やy^3のような累乗でないxやyで成り立つ方程式という意味です。

　方程式は解を求めるためにあります。

　たとえば、この一次方程式スピード攻略篇の表紙のページ（87ページ）にあった問題

分速100 mで400 mの道のりを歩くと何分かかるか。

を思い出してください。

考え方　分速100 mで400 mの道のりをx分かかって歩いたと考える。
　　　　すると、「速さ×時間＝道のり」だから

　　　　　$100 \text{m/分} \times x \text{分} = 400 \text{m}$　となる。

　　　　　$100x = 400$

　　　　　$x = \frac{400}{100}$　←両辺を100でわった

　　　　　$x = \frac{400}{100}$

　　　　　$x = 4$

つまり、答えは4分かかったということになります。

ステップ A

① $6x = -12$

② $4x = -2 \times 8$

③ $-5x = 25$

④ $-24x = -18$

⑤ $14y = -6$

⑥ $3x = -7 \times 6$

⑦ $-12x = -4$

⑧ $-7y = 35$

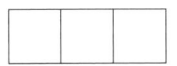

ステップ B

① $4x = 24$

② $-8x = 12 \times 4$

③ $-13x = -26$

④ $28x = -9 \times 4$

⑤ $-42x = -18$

⑥ $-27x = 51$

⑦ クラス会を開くための費用として、1人500円ずつ集めたところ、1万円集まりました。クラスの人数は何人ですか。クラスの人数を x として求めなさい。

答え _____

⑧ A中学校の男女の比は3対5です。男子生徒の数が45人だとすると女子生徒の数は何人ですか。女子生徒の数を x として求めなさい。

答え _____

一次方程式 17 スピード攻略篇

一次方程式（基本）

$$ax+bx=c、ax+bx=c+d$$

例 1

$6x+2x=-4$

$8x=-4$

$x=\dfrac{\cancel{-4}^{1}}{\cancel{8}_{2}}$

$x=-\dfrac{1}{2}$

例 2

$9x-3x=-7+4$

$6x=-3$

$x=\dfrac{\cancel{-3}^{1}}{\cancel{6}_{2}}$

$x=-\dfrac{1}{2}$

例 3

$-12x+8x=19+9$

$-4x=28$

$x=\dfrac{\cancel{28}^{7}}{\cancel{-4}_{1}}$

$x=-7$

ステップ A

① $5x+3x=4$

② $-x-2x=9$

③ $2x+4x=-3+1$

④ $3x-7x=11-6$

⑤ $6x+4x=-3+1$

⑥ $-5x+13x=8+4$

⑦ $4x-12x=-6-5$

⑧ $10x+5x=16+11$

ステップ B

① $5x-9x=10$

② $-13x+6x=-21$

③ $-18x-6x=9+3$

④ $3x-15x=-14-13$

⑤ $-16x+7x=-2+5$

⑥ $-13x-5x=-19-11$

⑦ ある数の3倍と4倍の和は14です。ある数を求めなさい。

答え _____

⑧ 80円のリンゴと40円のミカンを、それぞれ同じ個数買ったら、代金は360円でした。それぞれ何個ずつ買いましたか。

答え _____

一次方程式 18 スピード攻略篇

一次方程式（基本）

$$ax + b = c$$

ポイント ＜等式の性質＞

1. 両辺に同じものをたしてもよい　　A＝B ➡ A＋C＝B＋C
2. 両辺から同じものを引いてもよい　A＝B ➡ A－C＝B－C
3. 項を等号（＝）の左から右へ、右から左へ移すことを移項という
4. このとき符号は－は＋に、＋は－に変わる

例　$4x － 2 = 6$
　　$4x \bigcirc = 6 + 2$
　　　　符号が変わる

例1　$4x - 2 = 6$
$4x - 2 + 2 = 6 + 2$　（両辺に同じものを加えてもよい）
移項
$4x \bigcirc = 6 + 2$
$4x = 8$
$x = \dfrac{8}{4} = \dfrac{2}{1}$
$x = 2$

左辺の－2を消すために、両辺に＋2を加えます。
結果として、左辺にあった－2は、右辺に移されて＋2になります。これを**移項**といいます。
左辺から右辺へ、右辺から左辺へ移項したものは、－の符号は＋に、＋は－に変わります。

例2　$-18 - 6x = -3$
移項
$\bigcirc -6x = -3 + 18$
$x = \dfrac{15}{-6} = \dfrac{5}{2}$
$x = -\dfrac{5}{2}$

例3　$10 + 9x = -5$
移項
$\bigcirc 9x = -5 - 10$
$x = \dfrac{-15}{9} = \dfrac{5}{3}$
$x = -\dfrac{5}{3}$

ステップ A

① $5x - 4 = 7$

② $8x + 5 = -7$

③ $11 + 12x = 3$

④ $-4x - 9 = 7$

⑤ $-10x+7=-13$

⑥ $16x+7=-13$

⑦ $6x-8=-12$

⑧ $-21x-4=-19$

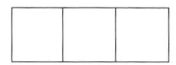

ステップ B

① $-11+8x=7$

② $-14x+3=10$

③ $16+14x=-10$

④ $-12x-9=15$

⑤ $13-3x=-11$

⑥ $-27-32x=-19$

⑦ 同じ値段の参考書を 4 冊買って 1000 円札を出したところ、100 円のおつりがきました。参考書 1 冊の値段はいくらですか。

答え _____

⑧ 長さ 100 cm の板があります。これを 3 つに切ったところ、1 つは 20 cm に、残り 2 つは同じ長さになりました。残り 2 つの板の長さは何 cm ずつになりますか。

答え _____

一次方程式 19 スピード攻略篇 ― 一次方程式（基本）

$$ax = bx + c$$

例1
$$8x = 3x - 6$$
$$8x - 3x = -6$$
$$5x = -6$$
$$x = -\frac{6}{5}$$

例2
$$2x = 5x + 2$$
$$2x - 5x = +2$$
$$-3x = 2$$
$$x = -\frac{2}{3}$$

例3
$$7x = 5x + 9$$
$$7x - 5x = +9$$
$$2x = 9$$
$$x = \frac{9}{2}$$

例4
$$4x = -3x - 7$$
$$4x + 3x = -7$$
$$7x = -7$$
$$x = \frac{-7}{7} = -1$$

ステップ A

① $5x = 2x - 8$

② $4x = 7 - 3x$

③ $3x = -9x + 3$

④ $5x = 18 + 9x$

⑤ $7x = -4x - 22$

⑥ $4x = -3 - 11x$

⑦　$9x = 12 - 7x$

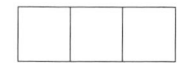

⑧　$-21x = -13x - 12$

ステップ B

①　$-13x = 2x - 9$

②　$17x = -8 + 11x$

③　$-10x = -16x + 15$

④　$-15x = -12 - 29x$

⑤　ある数の2倍が、ある数の4倍から6を引いた数に等しい場合、ある数を求めなさい。

答え＿＿＿＿＿＿＿＿＿＿

⑥　野球部の人数はテニス部の6倍で、陸上部の人数はテニス部の5倍います。陸上部の人数が野球部より6人少ない場合、テニス部の人数を求めなさい。

答え＿＿＿＿＿＿＿＿＿＿

⑦　Aさんの父親が会社に向かって出発した6分後、忘れものに気づいたAさんが自転車で追いかけました。父親の歩く速さが分速60 m、Aさんの自転車の速さが分速180 mのとき、Aさんが出発してから何分後に追いつくでしょうか。

答え＿＿＿＿＿＿＿＿＿＿

一次方程式 20 スピード攻略篇

一次方程式（基本）

$$ax + b = cx + d$$

ポイント

1 x の項は左辺へ、数字の項は右辺へ移してまとめる

例1

$$5x + 2 = -x - 2$$
$$5x + x + 2 = -2$$
$$5x + x = -2 - 2$$
$$6x = -4$$
$$x = \frac{-\cancel{4}^2}{\cancel{6}_3} = -\frac{2}{3}$$

← x の項は左辺へ、数字の項は右辺へ移す

例2

$$-6x - 5 = 4x + 3$$
$$-6x - 4x - 5 = +3$$
$$-6x - 4x = +3 + 5$$
$$-10x = 8$$
$$x = \frac{\cancel{8}^4}{-\cancel{10}_5} = -\frac{4}{5}$$

ステップ A

① $3x + 5 = -6x - 1$

② $4x + 6 = 10 - x$

③ $6x + 3 = 10x + 5$

④ $-5x - 2 = 7 + x$

⑤ $-8x - 6 = 4 - 3x$

⑥ $9x - 4 = 5x - 2$

⑦ $7-12x=-3x-2$ ⑧ $-11-19x=-17-10x$

ステップ B

① $11x+7=3x+13$ ② $-15x-9=-7x-5$

③ $17-9x=-12x-19$ ④ $13x-14=-3x+6$

⑤ $11+25x=-17-10x$ ⑥ $-18x-27=-12-13x$

⑦ 兄は 19 枚、弟は 11 枚のカードを持っています。兄が弟に何枚か与えたので、兄と弟の持っている枚数が等しくなりました。兄は弟に何枚与えましたか。

答え

⑧ リンゴとミカンとメロンがあります。リンゴの個数はミカンの 4 倍あり、メロンの個数はミカンの 5 倍あります。リンゴの個数に 2 をたした数と、メロンの個数から 6 を引いた数が等しい場合、ミカンは何個ありますか。

答え

21 一次方程式（基本）
x の係数が小数の一次方程式

ポイント
1. 小数を整数に直す（両辺を10倍、100倍…する）
2. このとき、忘れずに全部の項を10倍、100倍…する

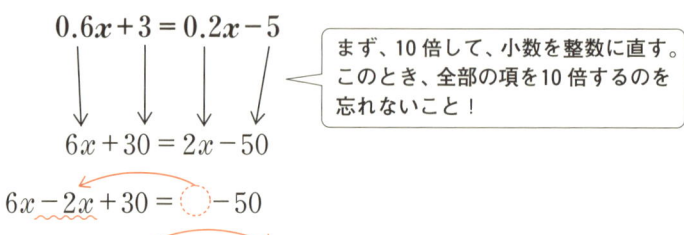

例

$$0.6x + 3 = 0.2x - 5$$
$$6x + 30 = 2x - 50$$
$$6x - 2x + 30 = -50$$
$$6x - 2x = -50 - 30$$
$$4x = -80$$
$$x = \frac{-80}{4} = -20$$

まず、10倍して、小数を整数に直す。このとき、全部の項を10倍するのを忘れないこと！

ステップ A

① $0.3x + 2 = 0.2x + 4$

② $0.4x + 0.2 = 0.2x + 0.1$

③ $0.5x + 2 = 0.3x - 4$

④ $1.2 - 0.9x = 0.4x + 0.2$

⑤ $0.2x + 0.3 = 0.4x - 0.9$

⑥ $0.7 - 0.8x = 0.2x + 0.5$

⑦ $0.55x + 0.2 = x - 0.7$

⑧ $-2.1x - 1.35 = -2.4 - 1.05x$

ステップ B

① $0.9x + 6 = 0.4x - 2$

② $0.39x - 0.65 = 0.15x + 0.19$

③ $-0.72x + 0.09 = -0.15 - 0.08x$

④ $-0.82 - 1.02x = 0.42x - 0.22$

⑤ $2.16 - 1.4x = -0.24 - x$

⑥ $-3.2x - 0.12 = -1.28x - 2.6$

⑦ 50 cm の長さのリボンを 2 つに切ったところ、長いほうの長さは、短いほうの長さの 1.5 倍に 5 cm をたした長さでした。短いほうの長さは何 cm ですか。

答え _____

⑧ 原価 150 円の商品に定価をつけるとき、定価の 1 割 5 分引きで売っても、なお 20 円の利益が得られるようにするためには、定価はいくらにすればよいですか。

答え _____

22 ( )のある一次方程式

一次方程式（基本）

ポイント

1 分配法則によって（ ）をひらく

例 $2(x-1) = 2 \times x + 2 \times (-1) = 2x - 2$

$-2(x-1) = -2 \times x - 2 \times (-1) = -2x + 2$

乗法（かけ算）については分配法則が成り立つ

$A \times (B+C) = A \times B + A \times C$ $(A+B) \times C = A \times C + B \times C$

$A(B+C) = AB + AC$ $(A+B)C = AC + BC$

分配法則によって（ ）のある一次方程式をとく

例1 分配法則

$3(x+2) = -2x + 3$
$3x + 6 = -2x + 3$
$3x + 2x = 3 - 6$
$5x = -3$
$x = -\dfrac{3}{5}$

例2 分配法則

$x - 2(x-2) = 3x$
$x - 2x + 4 = 3x$
$-x + 4 = 3x$
$-x - 3x = -4$
$-4x = -4$
$x = \dfrac{-4}{-4} = 1$

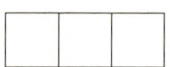

ステップ A

① $2(x+5) = 14$

② $-(x+8) = 3x$

③ $3x + 2 = 4(x-1)$

④ $6(x-2) = -x + 2$

⑤ $-3(x-2) = 9x + 3$

⑥ $7(x+2) = 3x - 2$

⑦ $4(x-2)=3(x+5)$　　　⑧ $10(x+2)=4(x-4)$

ステップ B

① $2(x-4)=-5(x-2)$　　　② $9(x-3)=-12(x-2)$

③ $9x-3(2x+5)=11$　　　④ $6x+7(x-5)=4$

⑤ $3x-5(x-2)=4x$　　　⑥ $7x-6(x-5)=4x+6$

⑦ 1本50円のえんぴつと1本90円の色えんぴつを合わせて20本買いました。これを300円のペンケースに入れてもらったら、代金は全部で1500円になりました。えんぴつは何本買いましたか。

答え _____

⑧ 現在、父の年齢は子どもの年齢の4倍ですが、5年後には父の年齢は子どもの年齢の3倍になります。現在、父と子はそれぞれ何歳ですか。

答え _____

23 一次方程式（基本）誤りやすい問題

例 1

$-x = 2$

両辺に−1をかける（−xの係数は−1）

$-x \times (-1) = 2 \times (-1)$

$x = -2$

例 2

$2x + 1 = 5x + 1$

$2x - 5x = 1 - 1$

$-3x = 0$ （右辺が0なら $x = 0$）

$x = 0$

例 3

$-x = x - 1$ （一見すると x がなくなりそう）

$-x - x = -1$ （でも、移項すると $-2x$ になる!）

$-2x = -1$

$x = \dfrac{-1}{-2} = \dfrac{1}{2}$

例 4

$-2x = x$ （移項したあと何もなかったら、忘れずに0を書く!）

$-2x - x = 0$

$-3x = 0$ （右辺が0なら $x = 0$）

$x = 0$

ステップ A

① $-x = 1$

② $2x - 3 = x - 3$

③ $-x = x - 2$

④ $-3x = 5x$

⑤ $3x = 4x + 5$

⑥ $-3x + 2 = 2$

⑦ $x+5=-x-5$

⑧ $2x=-12x$

ステップ B

① $-x=3$

② $5x-4=-8x-4$

③ $-x=x+6$

④ $x=-x$

⑤ $x-8=2x-7$

⑥ $-2x+5=7x+5$

⑦ $-x-7=x-6$

⑧ $3x=-5x$

⑨ $x=-x-5$

⑩ $4x-8=-4x-8$

24 一次方程式（分数・混合）

$ax=b$ で、a、b が分数の場合

ポイント
1. x の係数に分数がある場合は、両辺に逆数をかけて分数を消す
2. $\dfrac{b}{a}$ の逆数は $\dfrac{a}{b}$

例1 $\dfrac{2}{3}x = 6$

$$\dfrac{2}{3}x \times \dfrac{3}{2} = 6 \times \dfrac{3}{2}$$

両辺に $\dfrac{2}{3}$ の逆数 $\dfrac{3}{2}$ をかける

$x = 9$ ← x の係数が1になって分数が消えた！

例2 $-\dfrac{2}{3}x = \dfrac{1}{3}$

$$-\dfrac{2}{3}x \times \left(-\dfrac{3}{2}\right) = \dfrac{1}{3} \times \left(-\dfrac{3}{2}\right)$$

両辺に $-\dfrac{2}{3}$ の逆数 $-\dfrac{3}{2}$ をかける

$x = -\dfrac{1}{2}$ ← x の係数が1になった！

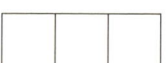

ステップ A

① $\dfrac{1}{3}x = 2$

② $-\dfrac{2}{5}x = 4$

③ $\dfrac{2}{5}x = -\dfrac{3}{5}$

④ $-\dfrac{2}{7}x = \dfrac{4}{7}$

⑤ $-\dfrac{1}{5}x = -\dfrac{7}{15}$

⑥ $-\dfrac{5}{6}x = -\dfrac{3}{8}$

⑦ $-\dfrac{5}{6}x = 10$

⑧ $-\dfrac{4}{9}x = -\dfrac{7}{9}$

ステップB

① $-\dfrac{3}{8}x = -9$

② $-\dfrac{8}{9}x = \dfrac{2}{9}$

③ $\dfrac{5}{12}x = -\dfrac{1}{2}$

④ $-\dfrac{4}{15}x = \dfrac{8}{5}$

⑤ $\dfrac{5}{12}x = \dfrac{15}{6}$

⑥ $-\dfrac{3}{10}x = -\dfrac{5}{8}$

⑦ あるロープを、全体の $\dfrac{3}{5}$ の長さに切ったら90cmありました。もとの長さは何cmですか。

答え _____

⑧ 時速50kmの自動車で35km進むには何分かかりますか。

答え _____

一次方程式（分数・混合）

25 スピード攻略篇 一次方程式

$ax+b=c$ で、a、b、c が分数の場合

ポイント
1. a、b、c の分母の最小公倍数を見つける
2. 式の全体にその最小公倍数をかけて分数を消す

例1 $\dfrac{1}{2}x + \dfrac{1}{3} = \dfrac{1}{4}$

分母の2と3と4の最小公倍数 12 を全部の項にかける
（最小公倍数→53ページ）

$12 \times \dfrac{1}{2}x + 12 \times \dfrac{1}{3} = 12 \times \dfrac{1}{4}$

分数が消えた！ $\ 6x\boxed{+4}=3$

$6x = 3\boxed{-4}$

$6x = -1$

$x = \dfrac{-1}{6} = -\dfrac{1}{6}$

例2 $\dfrac{2}{3}x - 1 = \dfrac{1}{2}$

分母の3と2の最小公倍数 6 を全部の項にかける

$6 \times \dfrac{2}{3}x + 6 \times (-1) = 6 \times \dfrac{1}{2}$

分数が消えた！ $\ 4x\boxed{-6}=3$

$4x = 3\boxed{+6}$

$4x = 9$

$x = \dfrac{9}{4}$

ステップ A

① $\dfrac{1}{2}x + \dfrac{2}{3} = \dfrac{1}{6}$

② $\dfrac{1}{4}x - \dfrac{3}{8} = \dfrac{3}{4}$

③ $-\dfrac{2}{3}x + 2 = \dfrac{1}{9}$

④ $\dfrac{5}{6}x - 3 = \dfrac{1}{3}$

⑤ $\dfrac{3}{4}x + \dfrac{1}{6} = -2$

⑥ $-\dfrac{2}{5}x + \dfrac{3}{5} = 4$

⑦ $-\dfrac{1}{2}x+\dfrac{1}{5}=-\dfrac{9}{10}$ ⑧ $\dfrac{2}{9}x+\dfrac{1}{2}=-\dfrac{5}{9}$

ステップ B

① $\dfrac{2}{5}x-\dfrac{1}{3}=\dfrac{7}{15}$ ② $-\dfrac{1}{8}x-\dfrac{1}{2}=\dfrac{3}{4}$

③ $\dfrac{2}{3}x+4=-\dfrac{2}{9}$ ④ $\dfrac{3}{4}x-\dfrac{3}{5}=3$

⑤ $-\dfrac{3}{4}x+\dfrac{7}{16}=-\dfrac{7}{8}$ ⑥ $-\dfrac{4}{5}x+\dfrac{8}{15}=\dfrac{5}{6}$

⑦ x についての方程式 $\dfrac{5}{8}x+\dfrac{a}{2}=-3$ の解が $x=-4$ のとき、a の値を求めなさい。

答え _____

⑧ 5％の食塩水80gとx％の食塩水120gを混ぜ合わせたところ、8％の食塩水ができました。xを求めなさい。

答え _____

一次方程式 26 スピード攻略篇

一次方程式（分数・混合）

$ax+b=cx+d$ で、a、b、c、d が分数の場合

ポイント
1. a、b、c、d の分母の最小公倍数を見つける
2. 式の全体にその最小公倍数をかけて分数を消す

例 1

$$\frac{1}{2}x - 1 = \frac{1}{3}x + \frac{1}{6}$$

分母の2と3と6の最小公倍数6を全部の項にかける

$$6 \times \frac{1}{2}x + 6 \times (-1) = 6 \times \frac{1}{3}x + 6 \times \frac{1}{6}$$

分数が消えた！ → $3x - 6 = 2x + 1$

$3x - 2x = 1 + 6$

$x = 7$

例 2

$$-\frac{1}{3}x + 2 = \frac{3}{4}x + 3$$

分母の3と4の最小公倍数12を全部の項にかける

$$12 \times \left(-\frac{1}{3}\right)x + 12 \times 2 = 12 \times \frac{3}{4}x + 12 \times 3$$

分数が消えた！ → $-4x + 24 = 9x + 36$

$-4x - 9x = 36 - 24$

$-13x = 12$

$$x = \frac{12}{-13} = -\frac{12}{13}$$

ステップ A

① $\dfrac{1}{2}x + \dfrac{2}{3} = \dfrac{1}{3}x + \dfrac{5}{6}$

② $\dfrac{1}{4}x - \dfrac{1}{8} = \dfrac{3}{8}x + \dfrac{1}{2}$

③ $-\dfrac{2}{3}x + 6 = \dfrac{1}{3}x - 3$

④ $\dfrac{1}{6}x - 3 = \dfrac{2}{3}x - 5$

⑤ $-5x + \dfrac{3}{4} = \dfrac{1}{4}x + \dfrac{1}{2}$

⑥ $-\dfrac{5}{6}x + 1 = -\dfrac{4}{9}x - \dfrac{4}{3}$

⑦ $-\dfrac{1}{4}x+\dfrac{2}{3}=\dfrac{2}{3}x+\dfrac{1}{2}$

⑧ $\dfrac{2}{3}x-\dfrac{1}{2}=\dfrac{1}{6}x-\dfrac{2}{3}$

ステップ B

① $-\dfrac{5}{8}x+6=\dfrac{3}{4}x+7$

② $-\dfrac{1}{3}x+\dfrac{3}{5}=2x-\dfrac{2}{5}$

③ $-\dfrac{1}{3}x+\dfrac{4}{9}=-\dfrac{1}{2}x+1$

④ $\dfrac{3}{4}x-1=-\dfrac{1}{3}x+\dfrac{2}{8}$

⑤ $x-\dfrac{3}{7}=\dfrac{1}{7}x+\dfrac{3}{2}$

⑥ $-\dfrac{2}{3}x+\dfrac{4}{9}=\dfrac{8}{9}x-5$

⑦ あるクラスの男子生徒は21人で、女子生徒はクラス全体の $\dfrac{2}{3}$ より6人少ないとすると、このクラスの生徒は全部で何人ですか。

答え _____

⑧ 兄弟が家から公園に向かいます。兄は毎時6kmで行き、その15分後に弟が毎時12kmで追いかけると、2人は同時に公園に着きました。家から公園までの道のりは何kmですか。

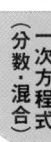

答え _____

一次方程式 27 スピード攻略篇

一次方程式（分数・混合）
小数・分数の混じった一次方程式

ポイント
1. 小数があるときは、式全体に10、100・・・をかけて小数を消す
2. 分数があるときは、分母の最小公倍数を見つけ、式全体にかけて分数を消す

例 $0.2x + \dfrac{2}{3} = \dfrac{41}{150}x + 0.3$

① 全部の項を10倍する

$10 \times 0.2x + 10 \times \dfrac{2}{3} = \overset{1}{10} \times \dfrac{41}{\underset{15}{150}}x + 10 \times 0.3$

小数が消えた! $\Rightarrow 2x + \dfrac{20}{3} = \dfrac{41}{15}x + 3$

② 分母の3と15の最小公倍数15を全部の項にかける

$15 \times 2x + \overset{5}{15} \times \dfrac{20}{\underset{1}{3}} = \overset{1}{15} \times \dfrac{41}{\underset{1}{15}}x + 15 \times 3$

分数が消えた! $\Rightarrow 30x + 100 = 41x + 45$

$30x - 41x = 45 - 100$

$-11x = -55$

$x = \dfrac{-55}{-11} = 5$

ステップ A

① $0.1x + 2 = \dfrac{1}{5}$

② $\dfrac{1}{2}x - 3 = 0.4x$

③ $\dfrac{2}{3}x + 3 = -x + 0.5$

④ $-0.3x - 4 = \dfrac{3}{2}x - 1$

⑤ $-\dfrac{2}{5}x - 3 = 0.5x + \dfrac{3}{2}$

⑥ $\dfrac{1}{3}x - 2 = -0.5x + \dfrac{4}{3}$

⑦ $0.6x - \dfrac{5}{6} = \dfrac{1}{2}x - 1.2$

⑧ $1.2 - \dfrac{2}{3}x = 0.4x - \dfrac{4}{5}$

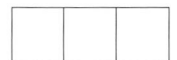

ステップ B

① $\dfrac{3}{5} - 1.5x = 3$

② $\dfrac{1}{2}x = -4 + 0.6x$

③ $1.2 - \dfrac{1}{4}x = 2 - x$

④ $3x - \dfrac{1}{2} = 0.8x + 1$

⑤ $-\dfrac{1}{6}x - 0.6 = -\dfrac{2}{5}x - 2$

⑥ $0.7x - \dfrac{2}{5} = 4 - \dfrac{2}{5}x$

⑦ $0.3x - \dfrac{3}{2} = x + 1.3$

⑧ $\dfrac{1}{4} - 0.2x = 0.5x - \dfrac{1}{2}$

⑨ $-\dfrac{2}{3}x - 2 = -0.5x - \dfrac{7}{6}$

⑩ $0.2x - \dfrac{1}{4} = \dfrac{3}{8}x - 0.4$

一次方程式 28 スピード攻略篇

一次方程式（分数・混合）
分子が$ax+b$の形の一次方程式

ポイント
1. 分母の最小公倍数を全部の項にかける
2. 分子の$ax+b$には必ず（　）をつけて計算する
3. 分配法則によって（　）をひらく

例

$$\frac{x+1}{2}+1=-\frac{x-2}{3}$$

分母の2と3の最小公倍数6を全部の項にかける

$$6 \times \frac{x+1}{2}+6 \times 1 = 6 \times \left(-\frac{x-2}{3}\right)$$

分数が消えた！　$3(x+1)+6 = -2(x-2)$　忘れずに（　）をつけること！

$$3x+3+6 = -2x+4$$
$$3x+2x = 4-9$$
$$5x = -5$$
$$x = \frac{-5}{5} = -1$$

ステップ A

① $\dfrac{x+1}{2} = \dfrac{x-2}{3}$

② $-\dfrac{x-1}{4} = \dfrac{x+3}{2}$

③ $\dfrac{2x+1}{5} = -\dfrac{x-3}{2}$

④ $-\dfrac{x-2}{3} = \dfrac{3x-1}{4}$

⑤ $-\dfrac{x-1}{5} = \dfrac{x+3}{2}$

⑥ $\dfrac{2x-4}{3} = \dfrac{x-9}{4}$

⑦ $\dfrac{2(x+3)}{9} = \dfrac{x+2}{3} - \dfrac{x-5}{6}$

⑧ $-\dfrac{x-3}{8} + \dfrac{1}{2} = \dfrac{6-x}{4}$

ステップ B

① $1 - \dfrac{x+1}{2} = -\dfrac{x-4}{3}$

② $-\dfrac{x+4}{9} - 2 = \dfrac{2(x+1)}{3}$

③ $\dfrac{x-1}{3} + 2 = -\dfrac{4x-1}{9}$

④ $\dfrac{x-3}{4} = \dfrac{x+5}{3} - \dfrac{5}{6}$

⑤ $3 - \dfrac{x-5}{6} = \dfrac{x-3}{4}$

⑥ $\dfrac{4x-3}{5} = \dfrac{x+2}{3} - \dfrac{7}{15}$

⑦ クラスの全員にえんぴつを3本ずつ配ると10本余り、4本ずつ配ると3本たりません。えんぴつは全部で何本ありますか。えんぴつの数を x として求めなさい。

答え _____

⑧ ある会場で長いすに観客が5人ずつすわったら10人がすわれず、6人ずつすわったら12人分の席が余りました。このとき、長いすの数と観客の数を求めなさい。

答え _____

到達度調査篇

最終チェックテスト

　　　　　　　　月　　日　　名前　　　　　　　　　　

☆途中の式も消さずに残しておくこと。

☆□の中には、あてはまる数字や記号を書き込みなさい。

- コピーをとって行います。
- 制限時間は50分。
- 一問2点で100点満点。
- 解答は189〜191ページ。答えあわせをしたらチェックシート154〜155ページへ。

① $(-8)+5=$

② $0+(-2.5)=$

③ $2-(-8)+3=$

④ A地点から南へ5m、そのあと北へ2m、そこからまた北へ6m進みました。南の方向を＋とすると、今いるのはA地点から南へ何mの地点ですか。

答え □

⑤ $(-12)÷(-4)×2=$

⑥ （　）の中の正しいほうを○で囲み、□の中をうめなさい。
時速60kmで車が走っています。今いる地点を0とすると、1時間後には（－60km、60km）の地点に着きます。また、今から30分前には□kmの地点にいました。

⑦　$(-2)^2 =$

⑧　次のア〜オの中から、-9 と等しいものをすべて選び、〇で囲みなさい。
　　ア、3^2　　イ、-3^2　　ウ、$(-3)^2$　　エ、$-(-3)^2$　　オ、$-(-3^2)$

⑨　$4 \times (-3+5) - 2 =$　　　　　　　⑩　$-2^2 \times 3 + (-2)^2 \times 3 =$

⑪　$\{(-3) + (-22)\} \div 5 =$

⑫　$10 + \{16 - (-4) \times 2\} \div 3 =$

⑬　$(-x) \times 3 - y \times 2.4 =$

⑭　一辺が y cm の正方形があります。その一辺を 2 倍に、もう一辺を 3 倍にして長方形にした場合、その面積は何 cm² になりますか。文字を使った式で表しなさい。

答え

⑮　$(3x-2y)\div(-1)=$

⑯　ある生徒のテストの点数は、1回目は x 点、2回目は y 点、3回目は 70 点でした。3回のテストの平均点を文字を使った式で表しなさい。

　　　　　　　　　　　　　　　　　　　　　　　　答え　□

⑰　$x\times 6\times 3y - x\times 4\div 8=$

⑱　50 円のえんぴつを x 本と、y 円のノートを 7 冊買った場合、その代金の合計を文字を使った式で表しなさい。

　　　　　　　　　　　　　　　　　　　　　　　　答え　□

⑲　$-0.7x-2.1y+(-1.4y)+1.5x=$

⑳　$-\dfrac{1}{2}x-\left(-\dfrac{5}{6}x\right)+\dfrac{1}{3}x=$

㉑　$\dfrac{x+y}{3}-\dfrac{3x-y}{2}=$

㉒ $x=-8$ のとき、$-7+\dfrac{x}{4}$ の式の値を求めなさい。

答え ☐

㉓ $a=-2$、$b=\dfrac{1}{2}$ のとき、a^2-4b の式の値を求めなさい。

答え ☐

㉔ たてが x cm、横が 7 cm、高さが y cm の直方体の箱があります。$x=6$、$y=3$ のとき、直方体の体積を求めなさい。

答え ☐

㉕ $2x=-4$

$x=$ ☐

㉖ $-8x=-2$

$x=$ ☐

㉗ $3x+5x=2$

$x=$ ☐

㉘ $-x+6x=-9-7$

$x=$ ☐

㉙ $-4x+3=7$

$x=$ ☐

㉚ $6x-3=-15$

$x=$ ☐

㉛ $5x=-3x-6$

$x=$ ☐

㉜ $-4x=3x-14$

$x=$ ☐

㉝ 30個のキャンディーを姉と妹で分けます。姉が妹より6個多くもらうとすると、姉と妹それぞれ何個ずつもらうことになりますか。

姉：☐　　妹：☐

㉞ あるクラスで長いすに生徒が4人ずつすわったら8人がすわれず、5人ずつすわったら7人分の席が余りました。このとき、長いすの数とクラスの生徒の人数を求めましょう。

長いす：☐　　生徒：☐

㉟ $0.4x - 1.5 = -0.2x + 0.3$

$x = $ ☐

㊱ $0.41x + 1.33 = -0.19x - 0.17$

$x = $ ☐

㊲ ある数 x の2倍に4をたした数が、x から1を引いた数の5倍に等しいとき、ある数 x はいくつになりますか。

$x = $ ☐

㊳ 現在、母の年齢は娘の年齢の5倍ですが、8年後には3倍になります。現在、母と娘はそれぞれ何歳ですか。

母：☐　　娘：☐

㊴　$-x = x - 10$

$x = \boxed{}$

㊵　$-7x - 3 = 2x - 3$

$x = \boxed{}$

㊶　$\dfrac{6}{7}x = -12$

$x = \boxed{}$

㊷　$-\dfrac{3}{8}x = \dfrac{9}{10}$

$x = \boxed{}$

㊸　$-\dfrac{5}{7}x + 3 = -\dfrac{4}{7}$

$x = \boxed{}$

㊹　$\dfrac{3}{4}x - \dfrac{1}{6} = \dfrac{7}{12}$

$x = \boxed{}$

㊺　A君は自転車に乗って時速12 kmで川へ釣りに出かけました。30分後、忘れものに気づいた母は車に乗って時速48 kmでA君を追いかけました。母がA君に追いついたのは家から何kmの地点ですか。

答え $\boxed{}$

㊻　ある商品に原価の25％の利益を見込んで定価をつけましたが、「100円値引きセール」を実施したところ、利益は300円になりました。この品物の原価はいくらですか。

答え $\boxed{}$

㊼　$\dfrac{1}{2}x - 4 = -\dfrac{1}{4}x - 2.5$

$x = \boxed{}$

㊽　$0.6 - 0.1x = -\dfrac{4}{5}x - 3$

$x = \boxed{}$

㊾　$-\dfrac{4x-2}{5} = -\dfrac{3x-5}{2}$

$x = \boxed{}$

㊿　$\dfrac{x+5}{6} - \dfrac{x-4}{3} = 1 - \dfrac{2}{5}x$

$x = \boxed{}$

チェックシートで到達度をはかろう

　「最終チェックテスト」は、「一次方程式スピード攻略篇」で学んだ内容がどれくらい身についたかをはかるテストです。すべての単元から2～3問ずつ選んで作られていますから、「今のあなたの実力がどれくらいか」「どこが弱点か」といったことが、よくわかるようになっています。全部で50問、1問2点で100点満点になります。
　テストのやり方やチェックシート（右ページ）の使い方は、最初に挑戦した「小河式算数チェックテスト」と同じです。

① **最初にテスト用紙（148～153ページ）のコピーをとる**
　自分のノートに書き写しながら、やってもかまいません。
② **テストに挑戦する**
　制限時間は50分。
③ **答えあわせをする**
　解答は189～191ページです。1問2点で100点満点になります。
④ **チェックシートに書き込む**
　まちがった問題の箇所を黒く塗りつぶしましょう。黒い部分があなたの弱点です。

　90点以上のひとは、まず中学1年生段階の一次方程式までの範囲については問題ないと考えてよいでしょう。
　90点未満のひとは、弱点を補強しておく必要があります。チェックシートの右はしには、この問題集の「一次方程式スピード攻略篇」の対応ページが記されていますから、自分がまちがえた分野のページにもどって復習しましょう。

No.	問題	1回目	2回目	3回目	この問題集で対応するページ	
1	$(-8)+5$				加法、減法	正の数・負の数
2	$0+(-2.5)$				90～93ページ	
3	$2-(-8)+3$				3数以上の加法・減法	
4	南へ5m、北へ2m、さらに6m進むと、南へ何mの地点にいるか				94～95ページ	
5	$(-12)\div(-4)\times 2$				乗法・除法	
6	時速60kmで進むと、1時間後と30分前には何km地点にいるか				96～97ページ	
7	$(-2)^2$				累乗	
8	3^2、-3^2、$(-3)^2$、$-(-3)^2$、$-(-3^2)$のうち、-9と等しいもの				98～99ページ	
9	$4\times(-3+5)-2$				四則の混じった計算①②	
10	$-2^2\times 3+(-2)^2\times 3$				100～103ページ	
11	$\{(-3)+(-22)\}\div 5$				$\{\ \}$のある式	
12	$10+\{16-(-4)\times 2\}\div 3$				104～105ページ	
13	$(-x)\times 3-y\times 2.4$				乗法①②	文字と式
14	一辺が$y$cmの正方形の一辺を2倍、一辺を3倍したときの面積				106～109ページ	
15	$(3x-2y)\div(-1)$				除法	
16	3回のテストでx点、y点、70点を取ったときの平均点				110～111ページ	
17	$x\times 6\times 3y-x\times 4\div 8$				四則混合計算	
18	50円のえんぴつをx本、y円のノートを7冊買ったときの代金				112～113ページ	
19	$-0.7x-2.1y+(-1.4y)+1.5x$				同類項の計算	
20	$-\frac{1}{2}x-(-\frac{5}{6}x)+\frac{1}{3}x$				114～115ページ	
21	$\frac{x+y}{3}-\frac{3x-y}{2}$					
22	$x=-8$のとき、$-7+\frac{x}{4}$の式の値				代入計算①②	
23	$a=-2$、$b=\frac{1}{2}$のとき、a^2-4bの式の値				116～119ページ	
24	$x=6$、$y=3$のとき、たて$x$cm、横7cm、高さ$y$cmの直方体の体積					
25	$2x=-4$				$ax=b$	一次方程式（基本）
26	$-8x=-2$				120～121ページ	
27	$3x+5x=2$				$ax+bx=c$、$ax+bx=c+d$	
28	$-x+6x=-9-7$				122～123ページ	
29	$-4x+3=7$				$ax+b=c$	
30	$6x-3=-15$				124～125ページ	
31	$5x=-3x-6$				$ax=bx+c$	
32	$-4x=3x-14$				126～127ページ	
33	30個を、姉が妹より6個多くもらうように分けると、何個ずつか				$ax+b=cx+d$	
34	4人ずつだと8人すわれず、5人ずつだと7席余る。人といすの数は？				128～129ページ	
35	$0.4x-1.5=-0.2x+0.3$				xの係数が小数の一次方程式	
36	$0.41x+1.33=-0.19x-0.17$				130～131ページ	
37	xの2倍に4をたした数がxと1の差の5倍に等しいときのxの値				（ ）のある一次方程式	
38	今、母の年齢は娘の5倍、8年後は3倍。今、それぞれ何歳か				132～133ページ	
39	$-x=x-10$				誤りやすい問題	
40	$-7x-3=2x-3$				134～135ページ	
41	$\frac{6}{7}x=-12$				$ax=b$で、a、bが分数の場合	一次方程式（分数・混合）
42	$-\frac{3}{8}x=\frac{9}{10}$				136～137ページ	
43	$-\frac{5}{7}x+3=-\frac{4}{7}$				$ax+b=c$で、a、b、cが分数	
44	$\frac{3}{4}x-\frac{1}{6}=\frac{7}{12}$				138～139ページ	
45	時速12kmのA君を30分後、時速48kmで追うと、何km地点で追いつくか				$ax+bx=cx+d$で、a、b、c、dが分数	
46	原価の25％の利益をのせた定価から100円引くと利益300円。原価は？				140～141ページ	
47	$\frac{1}{2}x-4=-\frac{1}{4}x-2.5$				小数・分数の混じった一次方程式	
48	$0.6-0.1x=\frac{4}{5}x-3$				142～143ページ	
49	$-\frac{4x-2}{5}=-\frac{3x-5}{2}$				分子が$ax+b$の形の一次方程式	
50	$\frac{x+5}{6}-\frac{x-4}{3}=1-\frac{2}{5}x$				144～145ページ	
	得　点					

解答篇
かいとうへん

【学力審査篇】
小河式算数チェックテスト …………………………………… 158

【基礎反復練習篇】
百ます計算 ❶ …………………………………………………… 161
百ます計算 ❷ …………………………………………………… 162
わり算 A・B・C 型 ……………………………………………… 163

【算数スピード攻略篇】
1　四捨五入と概数 ……………………………………………… 166
2　わり算の筆算 ………………………………………………… 166
3　小数のたし算・ひき算 ……………………………………… 166
4　小数のかけ算 ………………………………………………… 166
5　小数のわり算 ………………………………………………… 166
6　最小公倍数・最大公約数 …………………………………… 167
7　分数のたし算・ひき算 ……………………………………… 168
8　分数のかけ算 ………………………………………………… 169
9　分数のわり算 ………………………………………………… 169
10　整数・小数・分数の混合計算、（　）のある式 ………… 170
11　割合・百分率（％） ………………………………………… 171
12　濃度の計算 …………………………………………………… 172
13　比・比例 ……………………………………………………… 172

【一次方程式スピード攻略篇】
正の数・負の数 ………………………………………………… 174
文字と式 ………………………………………………………… 176
一次方程式（基本） …………………………………………… 178
一次方程式（分数・混合） …………………………………… 184

【最終チェックテスト】
最終チェックテスト …………………………………………… 189

【学力審査篇】

p.10

小河式算数チェックテスト

　　　　　月　　日　　名前　　　　　　　

☆途中の式も消さずに残しておくこと。
☆□の中には、あてはまる数字や記号を書き込みなさい。

・コピーをとって行います。
・制限時間は50分。
・一問2点で100点満点。
・解答は158〜160ページ。答えあわせをしたらチェックシート16〜17ページへ。

① ア、2635　イ、3562　ウ、6352　エ、5623 の4つの数のうち3番目に大きい数はどれか、記号で答えなさい。

答え　**イ**

②　　364
　　　258
　　　946
　　+872
　　2440

③　　826
　　　987
　　　256
　　+814
　　2883

④　　521
　　−235
　　　286

⑤　2015
　−　813
　　1202

⑥　4802
　−3395
　　1407

⑦ 28700 は **287** の100倍です。

p.11

⑧ 23×4 の答えは **20** ×4 と **3** ×4 の答えをたした数です。（逆でも正解）

⑨　　386
　　×473
　　1158
　　2702
　　1544
　182578

⑩　　975
　　×367
　　6825
　　5850
　　2925
　357825

⑪　　691
　　×274
　　2764
　　4837
　　1382
　189334

⑫　　　　**39**
　26) 1014
　　　　78
　　　　234
　　　　234
　　　　　0

⑬　　　　**97**
　17) 1649
　　　153
　　　119
　　　119
　　　　0

⑭　　　　**79**
　68) 5372
　　　476
　　　612
　　　612
　　　　0

⑮ 次の数を小さいものから順に、ア〜エの記号でならべて書きなさい。
　ア、0.9　イ、1.2　ウ、0.1　エ、1.0

答え　**ウ → ア → エ → イ**

⑯ 0.1を27個あわせた数を書きなさい。

答え　**2.7**

⑰ 10.8+1.2＝**12**
　　10.8
　+　1.2
　　12.0

p.12

⑱ 10.1−8.9= 1.2

```
  1 0.1
−   8.9
─────
    1.2
```

⑲ 201.1−199.8= 1.3

```
  2 0 1.1
− 1 9 9.8
───────
      1.3
```

⑳ 18.2×0.2= 3.64

```
   1 8.2
×    0.2
──────
   3.6 4
```

㉑ 40.6×1.3= 52.78

```
    4 0.6
×     1.3
───────
  1 2 1 8
  4 0 6
───────
  5 2.7 8
```

㉒ 17.6×10.9= 191.84

```
     1 7.6
×    1 0.9
────────
   1 5 8 4
   1 7 6
────────
   1 9 1.8 4
```

㉓ 2.8×1.7=28× 0.17

㉔
```
          3.8
1.2 ) 4.5 6
        3 6
        ───
          9 6
          9 6
          ───
            0
```

㉕
```
          7.9
0.8 ) 6.3 2
        5 6
        ───
          7 2
          7 2
          ───
            0
```

㉖
```
           2 9
0.09 ) 2.6 1
         1 8
         ───
           8 1
           8 1
           ───
             0
```

㉗ 1.4÷0.35= 140 ÷35

p.13

㉘ 489.2 を十の位で四捨五入すると 500 です。

㉙ 1.62 を小数第一位で四捨五入すると 2 です。（2.0でも正解）

㉚ 32 と 48 の最大公約数はいくつですか。 答え 16

㉛ 6 と 4 と 9 の最小公倍数はいくつですか。 答え 36

㉜ 右の図のように、ようかんを食べました。
食べた分を分数であらわしなさい。

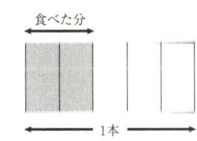

答え $\frac{2}{5}$ 本

㉝ $\frac{1}{7}+\frac{4}{7}=\frac{5}{7}$

㉞ $\frac{7}{12}+\frac{2}{15}=\frac{35+8}{60}=\frac{43}{60}$

㉟ $\frac{3}{8}+\frac{1}{4}-\frac{1}{12}=\frac{9+6-2}{24}=\frac{13}{24}$

㊱ $\frac{1}{3}=\frac{4}{12}=\frac{8}{24}$　（答えは整数）

p.14

㊲ $6 \div \dfrac{5}{7} = 6 \div \boxed{5} \times \boxed{7}$ （答えは整数）

㊳ $\dfrac{3}{14} \times \dfrac{7}{12} = \dfrac{\cancel{3}^1 \times \cancel{7}^1}{\cancel{14}_2 \times \cancel{12}_4} = \boxed{\dfrac{1}{8}}$

㊴ $\dfrac{16}{21} \div \dfrac{4}{7} = \dfrac{\cancel{16}^4 \times \cancel{7}^1}{\cancel{21}_3 \times \cancel{4}_1} = \boxed{\dfrac{4}{3}}$ （$1\dfrac{1}{3}$ でも正解）

㊵ $\dfrac{9}{32} \div \dfrac{3}{8} \times \dfrac{5}{12} = \dfrac{\cancel{9}^3 \times \cancel{8}^1 \times 5}{\cancel{32}_4 \times \cancel{3}_1 \times \cancel{12}_4} = \boxed{\dfrac{5}{16}}$

㊶ 下の数直線の（ア）の位置を小数であらわすと $\boxed{0.7}$ です。

0 ———（ア）——— 1

㊷ 上の数直線の（ア）の位置を分数であらわすと $\boxed{\dfrac{7}{10}}$ です。

㊸ 次の数を小さいものから順に、ア〜エの記号でならべなさい。

ア、$\dfrac{7}{12}$　イ、0.6　ウ、$\dfrac{11}{18}$　エ、$\dfrac{5}{9}$

答え $\boxed{エ → ア → イ → ウ}$

㊹ $400 - 9 \times (4 + 36) = 400 - 9 \times 40 = \boxed{40}$

㊺ $49 - 35 \div 7 = 49 - 5 = \boxed{44}$

㊻ 4割6分を小数であらわすと $\boxed{0.46}$ です。

p.15

㊼ 1200 円の 23 ％は $\boxed{276}$ 円です。

$$1200 \times \dfrac{23}{100} = 276$$

㊽ 濃度が 20 ％の食塩水が 35 g あります。この中の食塩の量は何 g ですか。

$$35 \times \dfrac{20}{100} = 7 \qquad 答え \boxed{7g}$$

㊾ 下の表で x と y が比例しているものの記号に○をつけなさい。

ア
弟の年齢 x	3	6	9	12	15
兄の年齢 y	6	9	12	15	18

Ⓘ
画用紙の枚数 x	4	6	8	10	12
画用紙の代金 y	60	90	120	150	180

Ⓤ
横の長さ x	1	2	3	4	5
長方形の面積 y	8	16	24	32	40

エ
かかった時間 x	1	2	3	4	5
速さ y	120	60	40	30	24

㊿ 音楽会の入場券 40 枚を、男子と女子で 2:3 の比で分けることにしました。男子の分は何枚ですか。

$$40 \times \dfrac{2}{5} = 16 \qquad 答え \boxed{16枚}$$

【基礎反復練習篇】

百ます計算 ❶
p.22〜23

①

+	8	5	1	2	6	4	9	7	0	3
9	17	14	10	11	15	13	18	16	9	12
6	14	11	7	8	12	10	15	13	6	9
0	8	5	1	2	6	4	9	7	0	3
1	9	6	2	3	7	5	10	8	1	4
5	13	10	6	7	11	9	14	12	5	8
3	11	8	4	5	9	7	12	10	3	6
7	15	12	8	9	13	11	16	14	7	10
2	10	7	3	4	8	6	11	9	2	5
8	16	13	9	10	14	12	17	15	8	11
4	12	9	5	6	10	8	13	11	4	7

②

−	10	17	13	12	19	16	11	14	18	15
7	3	10	6	5	12	9	4	7	11	8
4	6	13	9	8	15	12	7	10	14	11
8	2	9	5	4	11	8	3	6	10	7
5	5	12	8	7	14	11	6	9	13	10
6	4	11	7	6	13	10	5	8	12	9
1	9	16	12	11	18	15	10	13	17	14
3	7	14	10	9	16	13	8	11	15	12
0	10	17	13	12	19	16	11	14	18	15
9	1	8	4	3	10	7	2	5	9	6
2	8	15	11	10	17	14	9	12	16	13

③

×	6	9	1	4	2	7	5	0	3	8
2	12	18	2	8	4	14	10	0	6	16
0	0	0	0	0	0	0	0	0	0	0
4	24	36	4	16	8	28	20	0	12	32
8	48	72	8	32	16	56	40	0	24	64
5	30	45	5	20	10	35	25	0	15	40
9	54	81	9	36	18	63	45	0	27	72
7	42	63	7	28	14	49	35	0	21	56
6	36	54	6	24	12	42	30	0	18	48
3	18	27	3	12	6	21	15	0	9	24
1	6	9	1	4	2	7	5	0	3	8

百ます計算 ❷
p.24〜25

①

+	3	1	9	7	5	4	6	0	8	2
8	11	9	17	15	13	12	14	8	16	10
4	7	5	13	11	9	8	10	4	12	6
9	12	10	18	16	14	13	15	9	17	11
0	3	1	9	7	5	4	6	0	8	2
6	9	7	15	13	11	10	12	6	14	8
3	6	4	12	10	8	7	9	3	11	5
2	5	3	11	9	7	6	8	2	10	4
5	8	6	14	12	10	9	11	5	13	7
1	4	2	10	8	6	5	7	1	9	3
7	10	8	16	14	12	11	13	7	15	9

②

−	17	15	16	14	18	19	10	12	13	11
6	11	9	10	8	12	13	4	6	7	5
9	8	6	7	5	9	10	1	3	4	2
7	10	8	9	7	11	12	3	5	6	4
1	16	14	15	13	17	18	9	11	12	10
3	14	12	13	11	15	16	7	9	10	8
4	13	11	12	10	14	15	6	8	9	7
2	15	13	14	12	16	17	8	10	11	9
8	9	7	8	6	10	11	2	4	5	3
0	17	15	16	14	18	19	10	12	13	11
5	12	10	11	9	13	14	5	7	8	6

③

×	2	8	0	3	1	7	9	4	6	5
5	10	40	0	15	5	35	45	20	30	25
3	6	24	0	9	3	21	27	12	18	15
1	2	8	0	3	1	7	9	4	6	5
8	16	64	0	24	8	56	72	32	48	40
0	0	0	0	0	0	0	0	0	0	0
7	14	56	0	21	7	49	63	28	42	35
9	18	72	0	27	9	63	81	36	54	45
2	4	16	0	6	2	14	18	8	12	10
4	8	32	0	12	4	28	36	16	24	20
6	12	48	0	18	6	42	54	24	36	30

わり算A型
p.27

① 9÷3 = 3
② 7÷1 = 7
③ 10÷5 = 2
④ 3÷3 = 1
⑤ 27÷9 = 3
⑥ 25÷5 = 5
⑦ 3÷1 = 3
⑧ 2÷1 = 2
⑨ 4÷4 = 1
⑩ 24÷8 = 3
⑪ 6÷2 = 3
⑫ 72÷8 = 9
⑬ 6÷3 = 2
⑭ 0÷5 = 0
⑮ 45÷9 = 5
⑯ 12÷3 = 4
⑰ 18÷6 = 3
⑱ 42÷7 = 6
⑲ 56÷7 = 8
⑳ 12÷2 = 6
㉑ 0÷1 = 0
㉒ 48÷8 = 6
㉓ 32÷4 = 8

㉔ 24÷6 = 4
㉕ 0÷3 = 0
㉖ 16÷2 = 8
㉗ 40÷5 = 8
㉘ 64÷8 = 8
㉙ 8÷1 = 8
㉚ 28÷7 = 4
㉛ 14÷2 = 7
㉜ 63÷7 = 9
㉝ 14÷7 = 2
㉞ 12÷6 = 2
㉟ 48÷6 = 8
㊱ 9÷9 = 1
㊲ 4÷1 = 4
㊳ 10÷2 = 5
㊴ 27÷3 = 9
㊵ 30÷5 = 6
㊶ 20÷4 = 5
㊷ 0÷8 = 0
㊸ 28÷4 = 7
㊹ 15÷5 = 3
㊺ 49÷7 = 7
㊻ 5÷5 = 1

㊼ 8÷8 = 1
㊽ 40÷8 = 5
㊾ 12÷4 = 3
㊿ 30÷6 = 5
51 45÷5 = 9
52 5÷1 = 5
53 36÷9 = 4
54 32÷8 = 4
55 36÷6 = 6
56 21÷7 = 3
57 4÷2 = 2
58 72÷9 = 8
59 54÷9 = 6
60 18÷2 = 9
61 0÷6 = 0
62 42÷6 = 7
63 15÷3 = 5
64 8÷2 = 4
65 56÷8 = 7
66 35÷5 = 7
67 0÷2 = 0
68 63÷9 = 7
69 20÷5 = 4

70 16÷8 = 2
71 21÷3 = 7
72 18÷9 = 2
73 0÷4 = 0
74 24÷3 = 8
75 7÷7 = 1
76 81÷9 = 9
77 6÷1 = 6
78 0÷9 = 0
79 8÷4 = 2
80 2÷2 = 1
81 36÷4 = 9
82 0÷7 = 0
83 54÷6 = 9
84 9÷1 = 9
85 16÷4 = 4
86 24÷4 = 6
87 6÷6 = 1
88 18÷3 = 6
89 1÷1 = 1
90 35÷7 = 5

わり算B型

p.28

① 17÷2= 8 … 1
② 23÷3= 7 … 2
③ 15÷4= 3 … 3
④ 33÷6= 5 … 3
⑤ 29÷7= 4 … 1
⑥ 19÷3= 6 … 1
⑦ 38÷7= 5 … 3
⑧ 21÷5= 4 … 1
⑨ 37÷9= 4 … 1
⑩ 49÷6= 8 … 1
⑪ 34÷5= 6 … 4
⑫ 25÷4= 6 … 1
⑬ 45÷7= 6 … 3
⑭ 36÷8= 4 … 4
⑮ 15÷2= 7 … 1
⑯ 37÷4= 9 … 1
⑰ 25÷6= 4 … 1
⑱ 13÷5= 2 … 3
⑲ 44÷7= 6 … 2
⑳ 28÷5= 5 … 3
㉑ 38÷9= 4 … 2
㉒ 13÷6= 2 … 1
㉓ 35÷4= 8 … 3
㉔ 42÷8= 5 … 2
㉕ 24÷5= 4 … 4
㉖ 19÷9= 2 … 1
㉗ 37÷6= 6 … 1
㉘ 22÷7= 3 … 1
㉙ 18÷5= 3 … 3
㉚ 32÷6= 5 … 2
㉛ 29÷4= 7 … 1
㉜ 58÷8= 7 … 2
㉝ 39÷5= 7 … 4
㉞ 26÷3= 8 … 2
㉟ 17÷7= 2 … 3
㊱ 38÷5= 7 … 3
㊲ 16÷7= 2 … 2
㊳ 33÷8= 4 … 1
㊴ 22÷3= 7 … 1
㊵ 49÷8= 6 … 1
㊶ 29÷9= 3 … 2
㊷ 17÷5= 3 … 2
㊸ 59÷7= 8 … 3
㊹ 27÷5= 5 … 2
㊺ 66÷9= 7 … 3
㊻ 59÷8= 7 … 3
㊼ 23÷7= 3 … 2
㊽ 17÷4= 4 … 1
㊾ 67÷8= 8 … 3
㊿ 47÷9= 5 … 2
(51) 17÷3= 5 … 2
(52) 21÷4= 5 … 1
(53) 16÷6= 2 … 4
(54) 39÷7= 5 … 4
(55) 23÷4= 5 … 3
(56) 14÷3= 4 … 2
(57) 39÷4= 9 … 3
(58) 48÷9= 5 … 3
(59) 57÷6= 9 … 3
(60) 14÷4= 3 … 2
(61) 26÷6= 4 … 2
(62) 33÷5= 6 … 3
(63) 17÷8= 2 … 1
(64) 29÷3= 9 … 2
(65) 14÷5= 2 … 4
(66) 26÷4= 6 … 2
(67) 19÷6= 3 … 1
(68) 66÷8= 8 … 2
(69) 19÷4= 4 … 3
(70) 41÷5= 8 … 1
(71) 55÷9= 6 … 1
(72) 38÷4= 9 … 2
(73) 57÷7= 8 … 1
(74) 74÷8= 9 … 2
(75) 69÷7= 9 … 6
(76) 28÷9= 3 … 1
(77) 18÷8= 2 … 2
(78) 38÷6= 6 … 2
(79) 28÷3= 9 … 1
(80) 16÷3= 5 … 1
(81) 42÷5= 8 … 2
(82) 34÷4= 8 … 2
(83) 13÷3= 4 … 1
(84) 25÷8= 3 … 1
(85) 48÷7= 6 … 6
(86) 43÷8= 5 … 3
(87) 69÷8= 8 … 5
(88) 75÷9= 8 … 3
(89) 48÷5= 9 … 3
(90) 58÷6= 9 … 4
(91) 77÷9= 8 … 5
(92) 44÷6= 7 … 2
(93) 28÷8= 3 … 4
(94) 45÷6= 7 … 3
(95) 59÷9= 6 … 5
(96) 65÷9= 7 … 2
(97) 49÷5= 9 … 4
(98) 66÷7= 9 … 3
(99) 84÷9= 9 … 3
(100) 73÷8= 9 … 1

わり算C型
p.29

① 10÷6= 1 … 4
② 53÷8= 6 … 5
③ 50÷8= 6 … 2
④ 32÷9= 3 … 5
⑤ 11÷8= 1 … 3
⑥ 13÷8= 1 … 5
⑦ 20÷7= 2 … 6
⑧ 26÷9= 2 … 8
⑨ 11÷6= 1 … 5
⑩ 10÷4= 2 … 2
⑪ 20÷6= 3 … 2
⑫ 20÷3= 6 … 2
⑬ 51÷9= 5 … 6
⑭ 54÷7= 7 … 5
⑮ 71÷9= 7 … 8
⑯ 11÷3= 3 … 2
⑰ 40÷6= 6 … 4
⑱ 41÷9= 4 … 5
⑲ 21÷6= 3 … 3
⑳ 11÷9= 1 … 2
㉑ 10÷8= 1 … 2
㉒ 60÷8= 7 … 4
㉓ 52÷6= 8 … 4
㉔ 52÷9= 5 … 7
㉕ 31÷8= 3 … 7

㉖ 51÷8= 6 … 3
㉗ 15÷9= 1 … 6
㉘ 17÷9= 1 … 8
㉙ 50÷9= 5 … 5
㉚ 61÷7= 8 … 5
㉛ 13÷9= 1 … 4
㉜ 23÷6= 3 … 5
㉝ 24÷9= 2 … 6
㉞ 40÷7= 5 … 5
㉟ 34÷7= 4 … 6
㊱ 71÷8= 8 … 7
㊲ 70÷9= 7 … 7
㊳ 22÷6= 3 … 4
㊴ 21÷9= 2 … 3
㊵ 60÷7= 8 … 4
㊶ 61÷8= 7 … 5
㊷ 10÷9= 1 … 1
㊸ 53÷7= 7 … 4
㊹ 31÷4= 7 … 3
㊺ 25÷9= 2 … 7
㊻ 21÷8= 2 … 5
㊼ 12÷8= 1 … 4
㊽ 55÷8= 6 … 7
㊾ 51÷7= 7 … 2
㊿ 10÷7= 1 … 3

51 50÷6= 8 … 2
52 55÷7= 7 … 6
53 10÷3= 3 … 1
54 62÷9= 6 … 8
55 31÷9= 3 … 4
56 16÷9= 1 … 7
57 53÷9= 5 … 8
58 62÷8= 7 … 6
59 33÷7= 4 … 5
60 52÷7= 7 … 3
61 54÷8= 6 … 6
62 35÷9= 3 … 8
63 23÷8= 2 … 7
64 30÷8= 3 … 6
65 51÷6= 8 … 3
66 12÷9= 1 … 3
67 30÷9= 3 … 3
68 32÷7= 4 … 4
69 61÷9= 6 … 7
70 20÷9= 2 … 2
71 23÷9= 2 … 5
72 14÷8= 1 … 6
73 41÷7= 5 … 6
74 41÷6= 6 … 5
75 22÷8= 2 … 6

76 31÷7= 4 … 3
77 30÷7= 4 … 2
78 40÷9= 4 … 4
79 11÷7= 1 … 4
80 13÷7= 1 … 6
81 63÷8= 7 … 7
82 30÷4= 7 … 2
83 15÷8= 1 … 7
84 80÷9= 8 … 8
85 44÷9= 4 … 8
86 42÷9= 4 … 6
87 11÷4= 2 … 3
88 33÷9= 3 … 6
89 34÷9= 3 … 7
90 62÷7= 8 … 6
91 43÷9= 4 … 7
92 14÷9= 1 … 5
93 52÷8= 6 … 4
94 50÷7= 7 … 1
95 22÷9= 2 … 4
96 53÷6= 8 … 5
97 70÷8= 8 … 6
98 20÷8= 2 … 4
99 60÷9= 6 … 6
100 12÷7= 1 … 5

【算数スピード攻略篇】

❶四捨五入と概数

p.33

1

1　① 800　② 300　③ 5400
2　① 5000　② 3000　③ 1000
3　① 80　② 170　③ 4000
4　① 1　② 1　③ 83　④ 0.3
　　⑤ 0.3　⑥ 0.96　⑦ 0.36

※①②は1.0、③は83.0でも正解。

❷わり算の筆算

p.35

1（余りなし）
① 101　② 92　③ 83　④ 52
⑤ 209　⑥ 253　⑦ 119　⑧ 104
⑨ 12　⑩ 24　⑪ 14　⑫ 12

p.36

2（余りなし）
① 48　② 40　③ 104　④ 98
⑤ 102　⑥ 41　⑦ 91　⑧ 78
⑨ 32　⑩ 21　⑪ 105　⑫ 75

p.37

3（余りなし）
① 121　② 80　③ 118　④ 108
⑤ 240　⑥ 124　⑦ 116　⑧ 89
⑨ 108　⑩ 86　⑪ 197　⑫ 239

p.38

4（余りあり）
① 69…18　② 52…2　③ 58…7　④ 98…17
⑤ 24…26　⑥ 76…45　⑦ 72…11　⑧ 15…62
⑨ 46…48　⑩ 93…4　⑪ 96…34　⑫ 96…52

p.39

5（余りあり）
① 107…31　② 213…17　③ 205…30　④ 265…19
⑤ 111…47　⑥ 116…42　⑦ 111…10　⑧ 204…26
⑨ 364…12　⑩ 148…45　⑪ 75…31　⑫ 121…1

❸小数のたし算・ひき算

p.41

1
① 0.9　② 1　③ 2.4　④ 36
⑤ 23.9　⑥ 5.76　⑦ 44.9　⑧ 10.5
⑨ 2.16　⑩ 118.1　⑪ 120.6　⑫ 12.18

p.42

2
① 40　② 15.3　③ 10.09　④ 47
⑤ 31.4　⑥ 10.35　⑦ 230.1　⑧ 129.5
⑨ 67.06　⑩ 1230　⑪ 191.7　⑫ 17.09

p.43

1
① 0.6　② 0.4　③ 1.7　④ 9.3
⑤ 4.1　⑥ 0.89　⑦ 13.8　⑧ 20.4
⑨ 2.04　⑩ 15.9　⑪ 32.3　⑫ 4.11

p.44

2
① 16.8　② 10.1　③ 2.92　④ 2.6
⑤ 9.1　⑥ 0.77　⑦ 91.6　⑧ 320.6
⑨ 2.23　⑩ 58.8　⑪ 17.3　⑫ 30.97

❹小数のかけ算

p.46

1
① 4.5　② 0.54　③ 38.4　④ 8.16
⑤ 4.2　⑥ 65.75　⑦ 9.36　⑧ 60.36
⑨ 89.47　⑩ 0.25　⑪ 0.74　⑫ 0.714

p.47

2
① 8　② 51　③ 75　④ 832
⑤ 927　⑥ 832　⑦ 450　⑧ 720
⑨ 300　⑩ 10650　⑪ 6280　⑫ 10300

❺小数のわり算

p.49

1（余りなし）
① 0.2　② 0.7　③ 5.3　④ 40
⑤ 8　⑥ 7　⑦ 13　⑧ 3.5
⑨ 18　⑩ 160　⑪ 125　⑫ 24.5

p.50

2（余りなし）
① 13　② 21　③ 18　④ 13
⑤ 150　⑥ 39　⑦ 53　⑧ 123
⑨ 415　⑩ 580　⑪ 360　⑫ 327

p.51
3 (余りあり)

① 7.8 … 0.06
```
        7.8
2,3)18,0
    161
    190
    184
    0.06
```

② 1.4 … 0.24
```
        1.4
3,9)5,7
    39
    180
    156
    0.24
```

③ 20.6 … 0.14
```
       20.6
3,1)64,0
    62
    200
    186
    0.14
```

④ 3.1 … 0.32
```
        3.1
4,8)15,2
    144
    80
    48
    0.32
```

⑤ 81.5 … 0.1
```
       81.5
4,6)375,0
    368
    70
    46
    240
    230
    0.10
```

⑥ 14.4 … 0.02
```
       14.4
2,7)38,9
    27
    119
    108
    110
    108
    0.02
```

⑦ 16.4 … 0.44
```
       16.4
7,4)121,8
    74
    478
    444
    340
    296
    0.44
```

⑧ 83.5 … 0.15
```
       83.5
8,9)743,3
    712
    313
    267
    460
    445
    0.15
```

⑨ 53.3 … 0.44
```
       53.3
8,2)437,5
    410
    275
    246
    290
    246
    0.44
```

⑩ 234.7 … 0.254
```
       234.7
4,18)981,30
     836
     1453
     1254
     1990
     1672
     3180
     2926
     0.254
```

⑪ 435.1 … 0.025
```
       435.1
1,25)543,90
     500
     439
     375
     640
     625
     150
     125
     0.025
```

⑫ 136.4 … 0.006
```
       136.4
0,26)35,47
     26
     94
     78
     167
     156
     110
     104
     0.006
```

p.52
1 (位どり)

① 200　② 20　③ 2　④ 0.2
⑤ 0.02　⑥ 0.002　⑦ 80　⑧ 8
⑨ 0.8　⑩ 0.08　⑪ 0.008　⑫ 0.0008
⑬ 0.06　⑭ 0.6　⑮ 6　⑯ 60
⑰ 600　⑱ 6000　⑲ 0.004　⑳ 0.04
㉑ 0.4　㉒ 4　㉓ 40　㉔ 400
㉕ 0.002　㉖ 0.02　㉗ 0.2　㉘ 2
㉙ 20　㉚ 200

❻最小公倍数・最大公約数
p.55
1 小＝最小公倍数

① 小 8　② 小 12　③ 小 35
④ 小 27　⑤ 小 70　⑥ 小 99
⑦ 小 72　⑧ 小 45　⑨ 小 108
⑩ 小 44　⑪ 小 72　⑫ 小 126
⑬ 小 84　⑭ 小 60　⑮ 小 176
⑯ 小 180　⑰ 小 12　⑱ 小 18

```
2)12 18 30    1)2 3 4    3)3 6 9
3) 6  9 15    2)2 3 4      1 2 3
    2  3  5      1 3 2
```

p.56
1 大＝最大公約数

① 大 16　② 大 4　③ 大 9
④ 大 7　⑤ 大 8　⑥ 大 3
⑦ 大 4　⑧ 大 1　⑨ 大 14
⑩ 大 5　⑪ 大 6　⑫ 大 9
⑬ 大 6　⑭ 大 18　⑮ 大 13
⑯ 大 8　⑰ 大 4　⑱ 大 14

```
2)24 40 16    2)12 32 16    2)84 56 70
2)12 20  8    2) 6 16  8    7)42 28 35
2) 6 10  4       3  8  4       6  4  5
    3  5  2
```

❼ 分数のたし算・ひき算

p.59

1

① $\frac{1}{3} + \frac{2}{3} = \frac{3}{3}^{1}_{1} = 1$ ② $\frac{1}{5} + \frac{3}{5} = \frac{4}{5}$

③ $4\overline{)\begin{array}{c}\frac{3}{8} + \frac{1}{4}\\2\ \ \ \ 1\end{array}} = \frac{3}{8} + \frac{2}{8} = \frac{5}{8}$

④ $1\overline{)\begin{array}{c}\frac{2}{5} + \frac{1}{3}\\5\ \ \ \ 3\end{array}} = \frac{6}{15} + \frac{5}{15} = \frac{11}{15}$

⑤ $3\overline{)\begin{array}{c}\frac{1}{6} + \frac{2}{9}\\2\ \ \ \ 3\end{array}} = \frac{3}{18} + \frac{4}{18} = \frac{7}{18}$

⑥ $8\overline{)\begin{array}{c}\frac{5}{8} + \frac{3}{16}\\1\ \ \ \ 2\end{array}} = \frac{10}{16} + \frac{3}{16} = \frac{13}{16}$

⑦ $2\overline{)\begin{array}{c}\frac{3}{8} + \frac{1}{6}\\4\ \ \ \ 3\end{array}} = \frac{9}{24} + \frac{4}{24} = \frac{13}{24}$

⑧ $3\overline{)\begin{array}{c}\frac{5}{12} + \frac{2}{9}\\4\ \ \ \ 3\end{array}} = \frac{15}{36} + \frac{8}{36} = \frac{23}{36}$

⑨ $2\overline{)\begin{array}{c}\frac{3}{10} + \frac{5}{12}\\5\ \ \ \ 6\end{array}} = \frac{18}{60} + \frac{25}{60} = \frac{43}{60}$

⑩ $9\overline{)\begin{array}{c}\frac{2}{9} + \frac{5}{27}\\1\ \ \ \ 3\end{array}} = \frac{6}{27} + \frac{5}{27} = \frac{11}{27}$

⑪ $1\overline{)\begin{array}{c}\frac{3}{7} + \frac{2}{5}\\7\ \ \ \ 5\end{array}} = \frac{15}{35} + \frac{14}{35} = \frac{29}{35}$

⑫ $13\overline{)\begin{array}{c}\frac{7}{26} + \frac{4}{13}\\2\ \ \ \ 1\end{array}} = \frac{7}{26} + \frac{8}{26} = \frac{15}{26}$

⑬ $2\overline{)\begin{array}{c}\frac{5}{14} + \frac{3}{8}\\7\ \ \ \ 4\end{array}} = \frac{20}{56} + \frac{21}{56} = \frac{41}{56}$

⑭ $3\overline{)\begin{array}{c}\frac{4}{15} + \frac{5}{12}\\5\ \ \ \ 4\end{array}} = \frac{16}{60} + \frac{25}{60} = \frac{41}{60}$

⑮ $3\overline{)\begin{array}{c}\frac{10}{21} + \frac{1}{6}\\7\ \ \ \ 2\end{array}} = \frac{20}{42} + \frac{7}{42} = \frac{27}{42}^{9}_{14} = \frac{9}{14}$

⑯ $2\overline{)\begin{array}{c}\frac{1}{2} + \frac{1}{3} + \frac{1}{4}\\1\ \ \ \ 3\ \ \ \ 2\end{array}} = \frac{6}{12} + \frac{4}{12} + \frac{3}{12} = \frac{13}{12}$

⑰ $2\overline{)\begin{array}{c}\frac{1}{2} + \frac{3}{4} + \frac{1}{6}\\1\ \ \ \ 2\ \ \ \ 3\end{array}} = \frac{6}{12} + \frac{9}{12} + \frac{2}{12} = \frac{17}{12}$

解説

　分数が3つ（以上）ある分数の計算では、連除法は最小公倍数（＝共通の分母）を導くためだけに使います。もちろん、連除法を使わずに求めてもかまいません。ここまで問題をこなしてきたのなら、すでに連除法を使うまでもなく、共通の分母（最小公倍数）を推測する力がかなりついているはずです。

p.60

2

① $\frac{2}{7} + \frac{4}{7} = \frac{6}{7}$ ② $\frac{3}{8} + \frac{5}{8} = \frac{8}{8}^{1}_{1} = 1$

③ $1\overline{)\begin{array}{c}\frac{7}{8} + \frac{3}{7}\\8\ \ \ \ 7\end{array}} = \frac{49}{56} + \frac{24}{56} = \frac{73}{56}$

④ $3\overline{)\begin{array}{c}\frac{11}{15} + \frac{5}{6}\\5\ \ \ \ 2\end{array}} = \frac{22}{30} + \frac{25}{30} = \frac{47}{30}$

⑤ $4\overline{)\begin{array}{c}\frac{7}{12} + \frac{9}{16}\\3\ \ \ \ 4\end{array}} = \frac{28}{48} + \frac{27}{48} = \frac{55}{48}$

⑥ $15\overline{)\begin{array}{c}\frac{19}{30} + \frac{11}{15}\\2\ \ \ \ 1\end{array}} = \frac{19}{30} + \frac{22}{30} = \frac{41}{30}$

⑦ $14\overline{)\begin{array}{c}\frac{19}{42} + \frac{13}{14}\\3\ \ \ \ 1\end{array}} = \frac{19}{42} + \frac{39}{42} = \frac{58}{42}^{29}_{21} = \frac{29}{21}$

⑧ $2\overline{)\begin{array}{c}\frac{3}{4} + \frac{11}{18}\\2\ \ \ \ 9\end{array}} = \frac{27}{36} + \frac{22}{36} = \frac{49}{36}$

⑨ $1\overline{)\begin{array}{c}\frac{6}{11} + \frac{3}{4}\\11\ \ \ \ 4\end{array}} = \frac{24}{44} + \frac{33}{44} = \frac{57}{44}$

⑩ $16\overline{)\begin{array}{c}\frac{9}{16} + \frac{17}{32}\\1\ \ \ \ 2\end{array}} = \frac{18}{32} + \frac{17}{32} = \frac{35}{32}$

⑪ $4\overline{)\begin{array}{c}\frac{3}{4} + \frac{5}{12}\\1\ \ \ \ 3\end{array}} = \frac{9}{12} + \frac{5}{12} = \frac{14}{12}^{7}_{6} = \frac{7}{6}$

⑫ $8\overline{)\begin{array}{c}\frac{3}{8} + \frac{5}{24}\\1\ \ \ \ 3\end{array}} = \frac{9}{24} + \frac{5}{24} = \frac{14}{24}^{7}_{12} = \frac{7}{12}$

⑬ $6\overline{)\begin{array}{c}\frac{11}{30} + \frac{5}{6}\\5\ \ \ \ 1\end{array}} = \frac{11}{30} + \frac{25}{30} = \frac{36}{30}^{6}_{5} = \frac{6}{5}$

⑭ $9\overline{)\begin{array}{c}\frac{5}{9} + \frac{6}{27}\\3\ \ \ \ 1\end{array}} = \frac{15}{27} + \frac{6}{27} = \frac{21}{27}^{7}_{9} = \frac{7}{9}$

⑮ $5\overline{)\begin{array}{c}\frac{7}{10} + \frac{2}{15}\\2\ \ \ \ 3\end{array}} = \frac{21}{30} + \frac{4}{30} = \frac{25}{30}^{5}_{6} = \frac{5}{6}$

⑯ $6\overline{)\begin{array}{c}\frac{7}{18} + \frac{1}{6}\\3\ \ \ \ 1\end{array}} = \frac{7}{18} + \frac{3}{18} = \frac{10}{18}^{5}_{9} = \frac{5}{9}$

⑰ $3\overline{)\begin{array}{c}\frac{2}{3} + \frac{1}{2} + \frac{5}{6}\\2\overline{)\begin{array}{c}1\ \ \ \ 2\ \ \ \ 2\\1\ \ \ \ 1\ \ \ \ 1\end{array}}\end{array}} = \frac{4}{6} + \frac{3}{6} + \frac{5}{6} = \frac{12}{6}^{2}_{1} = 2$

⑱ $3\overline{)\begin{array}{c}\frac{3}{4} + \frac{2}{3} + \frac{1}{6}\\2\overline{)\begin{array}{c}4\ \ \ \ 1\ \ \ \ 2\\2\ \ \ \ 1\ \ \ \ 1\end{array}}\end{array}} = \frac{9}{12} + \frac{8}{12} + \frac{2}{12} = \frac{19}{12}$

p.61

1
① $\frac{1}{2}$ ② $\frac{1}{3}$ ③ $\frac{1}{8}$ ④ $\frac{5}{9}$ ⑤ $\frac{7}{30}$

⑥ $\frac{1}{12}$ ⑦ $\frac{7}{45}$ ⑧ $\frac{4}{21}$ ⑨ $\frac{13}{40}$ ⑩ $\frac{4}{45}$

⑪ $\frac{1}{24}$ ⑫ $\frac{17}{48}$ ⑬ $\frac{17}{72}$ ⑭ $\frac{11}{27}$ ⑮ $\frac{1}{32}$

⑯ $\frac{1}{3}$ ⑰ $\frac{30-8-5}{10} = \frac{17}{10}$

解説
⑰のように、整数（ここでは3）と分数が混じった計算では、整数を分数に直して計算します。

p.62

2
① $\frac{2}{3}$ ② $\frac{5}{7}$ ③ $\frac{5}{24}$ ④ $\frac{13}{36}$ ⑤ $\frac{7}{30}$

⑥ $\frac{13}{56}$ ⑦ $\frac{25}{72}$ ⑧ $\frac{3}{16}$ ⑨ $\frac{5}{34}$ ⑩ $\frac{5}{77}$

⑪ $\frac{1}{2}$ ⑫ $\frac{1}{2}$ ⑬ $\frac{1}{6}$ ⑭ $\frac{3}{10}$ ⑮ $\frac{1}{3}$

⑯ $\frac{12}{35}$ ⑰ $\frac{11}{12}$ ⑱ $\frac{11}{18}$

❽ 分数のかけ算

p.64

1
① 2 ② $\frac{3}{5}$ ③ $\frac{5}{2}$ ④ 6 ⑤ $\frac{4}{3}$

⑥ $\frac{1}{2}$ ⑦ $\frac{1}{6}$ ⑧ $\frac{3}{8}$ ⑨ $\frac{3}{10}$ ⑩ $\frac{2}{15}$

⑪ $\frac{5}{14}$ ⑫ $\frac{3}{14}$ ⑬ $\frac{7}{10}$ ⑭ $\frac{12}{11}$ ⑮ $\frac{1}{6}$

⑯ $\frac{1}{8}$ ⑰ $\frac{7}{9}$ ⑱ $\frac{4}{9}$ ⑲ $\frac{1}{6}$ ⑳ $\frac{2}{15}$

㉑ $\frac{1}{\cancel{2}_1} \times \frac{\cancel{2}^1}{\cancel{3}_1} \times \frac{3}{4} = \frac{1}{4}$
㉒ $\frac{\cancel{3}^1}{4} \times \frac{1}{\cancel{2}_1} \times \frac{5}{\cancel{6}_3} = \frac{5}{3}$

㉓ $\frac{\cancel{2}^1}{\cancel{3}_1} \times \frac{\cancel{3}^1}{\cancel{5}_1} \times \frac{5}{\cancel{6}_3} = \frac{1}{3}$

p.65

2
① $\frac{1}{7}$ ② $\frac{2}{9}$ ③ $\frac{3}{5}$ ④ $\frac{1}{6}$ ⑤ $\frac{4}{7}$

⑥ $\frac{3}{20}$ ⑦ $\frac{7}{24}$ ⑧ $\frac{14}{27}$ ⑨ $\frac{8}{55}$ ⑩ $\frac{2}{3}$

⑪ $\frac{1}{8}$ ⑫ $\frac{4}{9}$ ⑬ $\frac{2}{7}$ ⑭ $\frac{15}{49}$ ⑮ $\frac{1}{12}$

⑯ $\frac{3}{10}$ ⑰ $\frac{1}{6}$ ⑱ $\frac{5}{12}$ ⑲ $\frac{10}{21}$ ⑳ $\frac{7}{10}$

㉑ $\frac{4}{15}$
㉒ $\frac{\cancel{2}^1}{\cancel{5}_1} \times \cancel{10}^{\cancel{3}^1} \times \frac{1}{\cancel{4}_1} = 1$

㉓ $\frac{1}{\cancel{3}_1} \times \frac{\cancel{3}^1}{\cancel{4}_1} \times \frac{\cancel{4}^1}{5} = \frac{1}{5}$

❾ 分数のわり算

p.68

1
① 6 ② 10 ③ $\frac{7}{2}$ ④ $\frac{2}{15}$ ⑤ $\frac{1}{12}$

⑥ $\frac{3}{2}$ ⑦ $\frac{1}{5}$ ⑧ $\frac{12}{5}$ ⑨ $\frac{2}{3}$ ⑩ $\frac{7}{18}$

⑪ $\frac{5}{4}$ ⑫ $\frac{27}{8}$ ⑬ $\frac{5}{14}$ ⑭ $\frac{9}{25}$ ⑮ $\frac{2}{3}$

⑯ $\frac{15}{11}$ ⑰ $\frac{6}{7}$ ⑱ $\frac{3}{4}$ ⑲ $\frac{3}{2}$ ⑳ $\frac{2}{3}$

㉑ $\frac{\cancel{2}^1}{\cancel{3}_1} \times \frac{1}{\cancel{2}_1} \times \frac{\cancel{9}^3}{1} = 3$
㉒ $\frac{\cancel{2}^1}{\cancel{5}_1} \times \frac{\cancel{5}^1}{\cancel{4}_1} \times \frac{\cancel{6}^3}{1} = 3$

p.69

2
① 1 ② $\frac{1}{5}$ ③ $\frac{3}{2}$ ④ $\frac{5}{18}$ ⑤ $\frac{5}{6}$

⑥ $\frac{32}{21}$ ⑦ $\frac{20}{21}$ ⑧ $\frac{14}{9}$ ⑨ $\frac{10}{7}$ ⑩ $\frac{18}{11}$

⑪ $\frac{7}{10}$ ⑫ $\frac{15}{16}$ ⑬ $\frac{2}{3}$ ⑭ $\frac{2}{5}$ ⑮ $\frac{24}{7}$

⑯ $\frac{35}{27}$ ⑰ $\frac{4}{9}$ ⑱ $\frac{9}{14}$ ⑲ $\frac{5}{8}$ ⑳ $\frac{6}{5}$

㉑ $\frac{10}{9}$
㉒ $\frac{\cancel{3}^1}{\cancel{4}_1} \times \frac{1}{\cancel{3}_1} \times \frac{\cancel{8}^2}{5} = \frac{2}{5}$

㉓ $\frac{\cancel{5}^1}{\cancel{14}_{2_1}} \times \frac{\cancel{16}^{\cancel{8}^{\cancel{4}^1}}}{\cancel{15}_3} \times \frac{\cancel{7}^1}{\cancel{8}_1} = \frac{1}{3}$

p.70

1 (たし算、ひき算、かけ算、わり算の混じった計算)

① $\dfrac{3}{6}+\dfrac{2}{6}-\dfrac{1}{6}=\dfrac{4}{6}=\dfrac{2}{3}$ ② $\dfrac{24}{12}-\dfrac{4}{12}+\dfrac{9}{12}=\dfrac{29}{12}$

③ $\dfrac{8}{10}+\dfrac{5}{10}-\dfrac{10}{10}=\dfrac{3}{10}$ ④ $\dfrac{8}{12}-\dfrac{3}{12}+\dfrac{6}{12}=\dfrac{11}{12}$

⑤ $\dfrac{2}{3}\times\dfrac{3}{5}\times\dfrac{5}{4}=\dfrac{1}{2}$ ⑥ $4\times\dfrac{1}{8}\times\dfrac{2}{1}=1$

⑦ $\dfrac{3}{4}\times\dfrac{7}{6}\times\dfrac{2}{7}=\dfrac{1}{4}$ ⑧ $\dfrac{2}{5}\times\dfrac{9}{4}\times\dfrac{5}{12}=\dfrac{3}{8}$

⑨ $\dfrac{1}{2}+\dfrac{1}{3}\times\dfrac{3}{4}=\dfrac{2}{4}+\dfrac{1}{4}=\dfrac{3}{4}$

⑩ $\dfrac{2}{3}-\dfrac{1}{4}\times\dfrac{2}{3}=\dfrac{4}{6}-\dfrac{1}{6}=\dfrac{3}{6}=\dfrac{1}{2}$

⑪ $\dfrac{1}{6}+\dfrac{2}{3}\times\dfrac{9}{4}=\dfrac{1}{6}+\dfrac{9}{6}=\dfrac{10}{6}=\dfrac{5}{3}$

⑫ $\dfrac{4}{5}-\dfrac{1}{2}\times\dfrac{4}{5}=\dfrac{4}{5}-\dfrac{2}{5}=\dfrac{2}{5}$

⑬ $\dfrac{1}{2}\times\dfrac{2}{3}+\dfrac{3}{4}\times\dfrac{5}{6}=\dfrac{1}{3}+\dfrac{5}{8}=\dfrac{8}{24}+\dfrac{15}{24}=\dfrac{23}{24}$

⑭ $\dfrac{7}{5}\times\dfrac{1}{3}-\dfrac{1}{2}\times\dfrac{4}{5}=\dfrac{7}{15}-\dfrac{6}{15}=\dfrac{1}{15}$

❿ 整数・小数・分数の混合計算、( )のある式

p.73

1

1 ① 0.3　$\dfrac{3}{10}$　② 0.03　$\dfrac{3}{100}$

2 ① $0.1=\dfrac{1}{10}$　② $0.11=\dfrac{11}{100}$　③ $0.111=\dfrac{111}{1000}$

　④ $0.3=\dfrac{3}{10}$　⑤ $2.5=\dfrac{25}{10}$　⑥ $4.03=\dfrac{403}{100}$

3 ① 0.1　② 0.01　③ 0.001
　④ 2.1　⑤ 0.21　⑥ 0.021
　⑦ $\dfrac{1}{2}=1\div 2=0.5$　⑧ $\dfrac{3}{4}=3\div 4=0.75$
　⑨ $\dfrac{6}{5}=6\div 5=1.2$

4 (ウ)→(エ)→(ア)→(イ)

p.74

1 ( )のない式

① 50　② 75

③ $\dfrac{1}{1}+\dfrac{1}{2}+\dfrac{3}{10}=\dfrac{10+5+3}{10}=\dfrac{18}{10}=\dfrac{9}{5}$

④ $\dfrac{2}{1}-\dfrac{2}{3}-\dfrac{1}{5}=\dfrac{30-10-3}{15}=\dfrac{17}{15}$

⑤ $\dfrac{13}{10}-\dfrac{1}{4}+\dfrac{5}{10}-\dfrac{2}{5}=\dfrac{26-5+10-8}{20}=\dfrac{23}{20}$

⑥ $\dfrac{2}{3}+\dfrac{8}{10}-\dfrac{1}{6}+\dfrac{15}{10}=\dfrac{20+24-5+45}{30}=\dfrac{84}{30}=\dfrac{14}{5}$

⑦ $\dfrac{6}{10}+\dfrac{3}{10}\times\dfrac{5}{6}=\dfrac{3}{5}+\dfrac{1}{4}=\dfrac{12+5}{20}=\dfrac{17}{20}$

⑧ $\dfrac{3}{4}-\dfrac{8}{10}\times\dfrac{1}{2}=\dfrac{15}{20}-\dfrac{8}{20}=\dfrac{7}{20}$

⑨ $\dfrac{2}{9}\times\dfrac{3}{4}+4=\dfrac{1}{6}+\dfrac{24}{6}=\dfrac{25}{6}$

⑩ $\dfrac{9}{10}\times 5-\dfrac{1}{8}\times\dfrac{16}{5}=\dfrac{9}{2}-\dfrac{2}{5}=\dfrac{45}{10}-\dfrac{4}{10}=\dfrac{41}{10}$

p.75

2 ( )のある式

① 84　② 18

③ $\dfrac{2}{3}\times\dfrac{2}{10}=\dfrac{2}{15}$

④ $\left(\dfrac{3}{4}-\dfrac{2}{4}\right)\div\dfrac{1}{2}=\dfrac{1}{4}\times\dfrac{2}{1}=\dfrac{1}{2}$

⑤ $\dfrac{3}{5}\times\dfrac{4}{10}=\dfrac{6}{25}$

⑥ $\dfrac{1}{3}\div\dfrac{12}{10}=\dfrac{1}{3}\times\dfrac{5}{6}=\dfrac{5}{18}$

⑦ $0.4+\left(\dfrac{4}{10}+\dfrac{8}{10}\right)\times\dfrac{1}{3}=\dfrac{2}{5}+\dfrac{12}{10}\times\dfrac{1}{3}=\dfrac{4}{5}$

⑧ $\dfrac{3}{4}+\left(\dfrac{17}{10}-\dfrac{5}{10}\right)\times\dfrac{5}{3}=\dfrac{3}{4}+\dfrac{12}{10}\times\dfrac{5}{3}=\dfrac{3}{4}+\dfrac{8}{4}$
　$=\dfrac{11}{4}$

⑨ $\dfrac{1}{2}\times\left(\dfrac{5}{20}+\dfrac{2}{20}\right)-\dfrac{1}{8}=\dfrac{1}{2}\times\dfrac{7}{20}-\dfrac{1}{8}=\dfrac{7}{40}-\dfrac{5}{40}$
　$=\dfrac{2}{40}=\dfrac{1}{20}$

⑩ $\dfrac{22}{10}\div\left(\dfrac{15}{10}-\dfrac{4}{10}\right)-\dfrac{4}{3}=\dfrac{22}{10}\times\dfrac{10}{11}-\dfrac{4}{3}$
　$=\dfrac{6}{3}-\dfrac{4}{3}=\dfrac{2}{3}$

⓫割合・百分率（％）

p.78

1

[パターン1]
① 2割8分3厘　　② 81.7 %
③ 36.5 %

[パターン2]
① $1000 \times \frac{1}{100} = 10$ 人　② $19600 \times \frac{1}{100} = 196$ 台
③ $18 \times \frac{1}{100} = 0.18$ g　④ $185 \times \frac{1}{100} = 1.85$ ℓ
→全体の数量を100でわれば、1%の数量が出てくる。

[パターン3]
① $200 \times \frac{1}{100} \times 2 = 200 \times \frac{2}{100} = 4$　　4本

② ①と同じように考えて、$150 \times \frac{30}{100} = 45$　　45個

③ ①と同じように考えて、$850 \times \frac{48}{100} = 408$　　408人

④ $500 \times \frac{7.4}{100} = 500 \times \frac{74}{1000} = 37$　　37個

⑤ $456(ℓ) \times \frac{75}{100} = 342$　　$456 - 342 = 114$

あるいは、売れ残っているのは25%だから

$456 \times \frac{25}{100} = 114 (ℓ)$　　114 ℓ

⑥「20%引き」ということは、定価の80%で売られているということなので、

$1500 \times \frac{80}{100} = 1500 \times \frac{80}{100} = 1200$　　1200円

p.79

2

[パターン4]
① 定価の70%が1750円だから、
1%は1750(円)÷70=25(円)
1%が25円なら、定価はその100倍で
25(円)×100=2500(円)
これをまとめると、
1750(円)÷70×100
$= 1750 \times \frac{1}{70} \times 100$
$= 1750 \times \frac{100}{70}$
$= 2500$ 円　　2500 円

→つまり、部分に$\frac{100}{A}$をかけると全体が求まる。

② 2割引きなら、定価の80%で買ったことになる。
3840円が定価の80%であるなら、
1%は3840(円)÷80=48円、
定価はその100倍だから、4800円
つまり、3840(円)÷80×100=$3840 \times \frac{100}{80}$
$= 4800$ 円　　4800 円

③ ①と同じようにして　$49 \times \frac{100}{70} = 70$(台)　70台

④ $306 \times \frac{100}{45} = 680$（これが全体の牛と馬の数）
だから馬の数は $\underline{680 - 306} = 374$ 頭
　　　　　　　(馬＋牛)−(牛)　　　　　374 頭

[パターン5]
① 200円の1%は2円(200÷100)
120円は1%(2円)の何倍か
→ 120÷2=60(倍)つまり、
120円は1%(2円)の60倍
→ 1(%)×60=60(%)
120円は60%にあたる。

または120円を200円でわって
100倍しても同じ。

$\frac{120}{200} \times 100 = 60(\%)$　　60 %

② ①と同じようにして
4200(円)÷5600(円)×100=$\frac{4200}{5600} \times 100 = 75$

　　75 %

③ 49(人)÷700(人)×100=$\frac{49}{700} \times 100 = 7$　　7 %

④ 196(頭)÷560(頭)×100=$\frac{196}{560} \times 100 = 35$　　35 %

⓬濃度の計算

p.82

1

[パターン1]

① $15 \div 300 = 0.05$　0.05 は 5 %　　　　**5 %**

→つまり、部分を全体でわると、濃度が求まる。

② $16 \div 80 = 0.2$　0.2 は 20 %　　　　**20 %**

[パターン2]

① 3 %の砂糖水 1 g の中の砂糖の量は 0.03 g

$3\% \to \dfrac{3}{100} = \dfrac{0.03}{1}$

39 g は 0.03 の何倍かがわかれば、全体の量が求まる。　$39 \text{ g} \div 0.03 = 1300 \text{ g}$　**1300 g**

→つまり、濃度で部分(砂糖の量)をわると、全体の量を求めることができる。

② ①と同じように考えて $\dfrac{48 \text{ g}}{0.4} = 120 \text{ g}$　**120 g**

③ ①と同じように考えて $\dfrac{39 \text{ g}}{0.26} = 150 \text{ g}$　**150 g**

[パターン3]

① 濃度 5 %のとき、砂糖水 1 g 中に砂糖の量は 0.05 g ある。

$5\% \to \dfrac{5}{100} = \dfrac{0.05}{1}$

この砂糖水が 360 g あるのだから

$360 \times 0.05 = 18 \text{(g)}$　　　　**18 g**

→つまり、「全体×濃度(0.05)」で部分(砂糖の量)を求めることができる。

② ①と同じように考えて、$900 \times 0.03 = 27 \text{(g)}$　　　　**27 g**

③ ①と同じように考えて、$48 \times 0.25 = 12 \text{(g)}$　　　　**12 g**

⓭比・比例

p.85

1

[比]

1　比を簡単にするためには、公約数でわっていく(結局、最大公約数でわることになる)。

① $6:1$　→ 4 でわる。　　4) 24 : 4
　　　　　　　　　　　　　　　6 : 1

② $8:3$　→ 6 でわる。

2 と 3 は公約数、　　2) 48 : 18
2×3 は最大公約数　　3) 24 : 9
　　　　　　　　　　　　8 : 3(答え)

③ $0.3 \times 10 : 1.2 \times 10 = 3 : 12 = 1:4$

→小数点を消すために、両方に 10 をかける。

④ $4.8 \times 10 : 3.2 \times 10 = 48 : 32 = 3:2$

公約数　4) 48 : 32
　　　　4) 12 : 8
　　　　　　3 : 2(答え)

⑤ $\dfrac{5}{12} \times 12 : \dfrac{4}{3} \times 12 = 5:16$

→分母を消すために、12 をかける(12 と 3 の最小公倍数)。

⑥ $\dfrac{4}{3} \times 6 : \dfrac{5}{6} \times 6 = 8:5$

→分母を消すために、6 をかける(3 と 6 の最小公倍数)。

[文章題]

2

① $600 : 400 = 6 : 4 = 3 : 2$　（÷2）

3 : 2

② $1200 : 840 = 10 : 7$

公約数で　10) 1200 : 840
わる　　　 4) 120 : 84
　　　　　 3)   30 : 21
　　　　　　　 10 :   7(答え)

10 : 7

③ $15 \text{ 名} \times \dfrac{4}{3} = 20$

女子は 20 名

[連比]

3

① A : B 　　= $\overset{\times 2}{6} : \overset{\times 2}{5}$ 　= 12 : 10
　B : C 　　　　　$\overset{\times 5}{2} : \overset{\times 5}{5}$ =　　　 10 : 25
　A : B : C 　　　　　　　　　= 12 : 10 : 25

A : B : C = 12 : 10 : 25

② →まず、分数と小数点をなくす。

A : B = $\dfrac{1}{5} \times 30 : \dfrac{1}{6} \times 30 = 6 : 5$

分母を消すために 5 と 6 の最小公倍数をかける

B : C = $0.2 \times 10 : 0.3 \times 10 = 2 : 3$

→次に共通する B を中心に比をそろえる。

A : B 　　= $\overset{\times 2}{6} : \overset{\times 2}{5}$ 　= 12 : 10
　B : C =　　 $\overset{\times 5}{2} : \overset{\times 5}{3}$ =　　 10 : 15
　A : B : C 　　　　　　　　= 12 : 10 : 15

A : B : C = 12 : 10 : 15

p.86

2

[比例配分]

4

① 兄：弟＝4：3 ならば、全体は 4＋3＝7 なので、兄は全体の $\frac{4}{7}$、弟は全体の $\frac{3}{7}$ もらえる。

だから、兄は 1400 mℓ×$\frac{4}{7}$＝800 mℓ、

弟は 1400 mℓ×$\frac{3}{7}$＝600 mℓ

兄は 800 mℓ、弟は 600 mℓ

② 畑：花だん＝5：3 → 全体は 5＋3＝8 → 畑は全体の $\frac{5}{8}$、花だんは全体の $\frac{3}{8}$ になる

→ 畑は 480 m²×$\frac{5}{8}$＝300 m²、

花だんは 480 m²×$\frac{3}{8}$＝180 m²

畑は 300 m²、花だんは 180 m²

③ 全体が 1260 円、これを A：B：C＝7：6：5 に分ける → 全体を 7＋6＋5＝18 個に分ければいい → A君は 1260 円×$\frac{7}{18}$＝490 円、B君は 1260 円×$\frac{6}{18}$＝420 円、C君は 1260 円×$\frac{5}{18}$＝350 円

A君は 490 円、B君は 420 円、C君は 350 円

[2つの変化する量]

5

① ア（○）

個数	1個	2個	3個
代金	120円	240円	360円

イ（×）

自分の年齢	13歳	14歳	15歳
父親の年齢	43歳	44歳	45歳

※仮に自分の年齢を 13 歳、父親の年齢を 43 歳とおいてみました。これは間違いやすい問題。一見比例しているように思えますが、自分の年齢と父親の年齢の比は一定していません。

ウ（○）

日数	1日	2日	3日
ページ数	5ページ	10ページ	15ページ

エ（×）

一辺の長さ	1 cm	2 cm	3 cm
体積	1 cm³	8 cm³	27 cm³

※仮に一辺の長さを 1 cm、2 cm…とおきます。

オ（○）

高さ	1 cm	2 cm	3 cm
面積	10 cm²	20 cm²	30 cm²

※平行四辺形の面積＝底辺×高さ

② ア（×）イ（○）ウ（○）エ（×）

イ

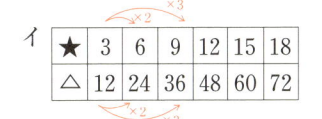

★	3	6	9	12	15	18
△	12	24	36	48	60	72

ウ

★	9	8	7	6	5	4
△	54	48	42	36	30	24

【一次方程式スピード攻略篇】
正の数・負の数

1 加法

p.90
ステップA

① (1) $+2$ (2) -3 (3) $+\frac{1}{2}$ (4) -0.5

②
```
  -5  -3  -0.5 0 +1/2  +2    +5
←―+――+――+―+―+――+―――+→
         (2)  (4)(3)  (1)
```

③ 5 →+5でも正解。以下も同様です。

④ -2 ⑤ -5 ⑥ 0 ⑦ -6
⑧ 1 ⑨ 5 ⑩ 7 ⑪ 6
⑫ -9 ⑬ -15 ⑭ -10

p.91
ステップB

① 17 ② -13 ③ 13 ④ -10
⑤ -48 ⑥ -29 ⑦ -0.3

⑧ -1 →$(-\frac{3}{4})+(-\frac{1}{4})=-\frac{4}{4}=-1$

⑨ $-\frac{1}{6}$ →$(+\frac{2}{3})+(-\frac{5}{6})=\frac{4}{6}-\frac{5}{6}=-\frac{1}{6}$

⑩ 0.5 ⑪ -90 ⑫ $-\frac{2}{7}$

⑬ (1) 1000円安い
   (2) 西へ3km進んだ
   (3) 点数が20点上がった
   (4) -1000円の収入
   (5) 今から-5年後
   (6) -30名の減少

⑭ 50 kg
A君の体重がクラスの平均体重よりも-4 kg軽いということはクラスの平均体重は、A君の体重よりも-4 kg重いということ。したがってクラスの平均体重は
54 kg＋(-4 kg)＝50 kg

2 減法

p.92
ステップA

① -1 ② -5 ③ -16 ④ -1
⑤ -3 ⑥ 6 ⑦ 18 ⑧ -13
⑨ 19

p.92
ステップB

① -8 ② -0.5 ③ -22 ④ 12
⑤ -30 ⑥ 79 ⑦ 2.3 ⑧ -12.6
⑨ 110 ⑩ 0.5 ⑪ $-\frac{1}{2}$ ⑫ $-\frac{5}{3}$
⑬ 385 ⑭ -86 ⑮ $\frac{1}{4}$ ⑯ -6.8
⑰ $\frac{43}{14}$ ⑱ 0.2

⑲ (1) 1000円高い
   (2) 東へ3km進んだ
   (3) 点数が20点下がった
   (4) -1000円の貸し
   (5) 今から-2時間後
   (6) -50名の減少

⑳ 176 cm
クラスの平均身長は、A君の身長よりも-4 cm低いということである。したがってこれを式であらわすと
172 cm$-(-4$ cm$)$
172＋4＝176 cm

3 3数以上の加法・減法

p.94
ステップA

① 5 ② -23 ③ -8 ④ 0
⑤ -21 ⑥ 0 ⑦ -3 ⑧ 8
⑨ 2 ⑩ -13 ⑪ -13 ⑫ -19

p.95
ステップB

① -70 ② 15 ③ 0 ④ -9
⑤ 1 ⑥ -1 ⑦ -7

⑧ 東へ-5 kmの地点
1日目：A地点から東へ5 km
2日目：1日目の地点から東へ-3 km
3日目：2日目の地点から東へ-7 km
5＋(-3)＋(-7)＝-5

→図に書き入れてみると、わかりやすくなります。

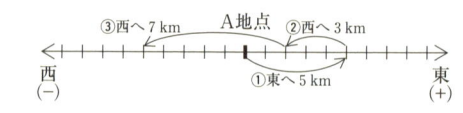

```
        ③西へ7km  A地点  ②西へ3km
←―+―+―+―+―+―|―+―+―+―+―+→
西                ①東へ5km        東
(−)                                (+)
```

⑨ 23 cm高い

一番身長が高い部員はA。
165＋7＝172(cm)
一番身長が低い部員はD。
165＋(－16)＝149(cm)
172－149＝23(cm)
あるいは、AとDの身長差を求める。
(＋7)－(－16)＝23(cm)

4 乗法・除法

p.97
ステップA
① －35　② －8　③ 72　④ 0
⑤ －4　⑥ －3　⑦ 4
⑧ $\frac{1}{2}$（0.5 でもよい）
⑨ 24　⑩ －72　⑪ 0　⑫ －8

p.97
ステップB
① 10　② －3　③ －3　④ 5000
⑤ 72　⑥ －12　⑦ －$\frac{1}{6}$　⑧ 0
⑨ 裏が出た回数 6回　表の合計点数 －8点
　(－18)÷(－3)＝6　裏は6回、
　10－6＝4　表は4回で 4×(－2)＝－8(点)
⑩ 私の目の前から西へ12kmの地点
　東を＋、西を－とする。
　旅人は西から東(＋)の方向へ時速4kmで向
　かっていったから
　速度は4km／時
　3時間前は－3時で表せる。
　速度×時間＝距離だから
　4km／時×(－3)時＝－12km
　西を－とおいたから、私の目の前（0地点）
　から西へ12kmの地点に旅人はいたことに
　なる。

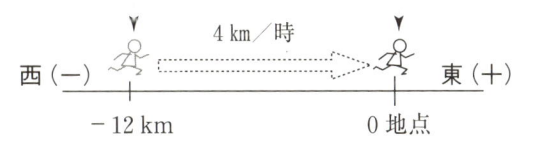

　　　－3時の旅人　　　今の旅人
　　　　　　4km／時
　西（－）　　　　　　　　　東（＋）
　　　－12km　　　　0地点

5 累乗

p.98
ステップA
① 9　② 8　③ 16　④ 27
⑤ 49　⑥ 100
⑦ (1) 7^3　(2) $(-3)^2$　(3) $(-6)^4$
⑧ 25　⑨ －16　⑩ 64　⑪ －49
⑫ －64
⑬ $-(-2^3)=-\{-(2\times2\times2)\}=8$
⑭ －8
⑮ $-(-2)^3=-\{(-2)\times(-2)\times(-2)\}=8$

p.99
ステップB
① －81　② 1　③ －25　④ 25
⑤ 1000　⑥ －100000　⑦ 64　⑧ 1
⑨ $\frac{1}{36}$　⑩ 1　⑪ －1
⑫ 125 cm^3
　5×5×5＝125(cm^3)
⑬ (2)、(6)

6 四則の混じった計算①

p.100
ステップA
① 60　② 12　③ 4　④ 28
⑤ －54　⑥ 7　⑦ －36　⑧ －2
⑨ －16　⑩ －10

p.101
ステップB
① －20　② －82　③ －3　④ －32　⑤ 0
⑥ Aさんの合計得点 5点
　Bさんの合計得点 －5点
　Aさんは奇数が3回、偶数が2回で
　3×3＋(－2)×2＝9－4＝5
　Bさんは奇数が1回、偶数が4回で
　3×1＋(－2)×4＝3－8＝－5
⑦ 秒速 322.7 m
　332－15.5×0.6＝322.7(m／秒)

7 四則の混じった計算②（累乗）

p.102
ステップA
① -3 ② 42 ③ 7 ④ -10
⑤ 23 ⑥ -14 ⑦ 38 ⑧ -31
⑨ -54 ⑩ -54 →⑨と⑩は同じ答えになります。
⑪ $\dfrac{1}{2}$
⑫ -270

p.103
ステップB
① -12 ② -9 ③ 33 ④ 26
⑤ -2 ⑥ -8 ⑦ 14 ⑧ $\dfrac{5}{24}$
⑨ -10 ⑩ -200

8 { }のある式

p.104
ステップA

① $13+9\div\{5-(-4)\}$
$=13+9\div 9$
$=13+1$
$=14$

② $11+12\div\{4-(-2)\}$
$=11+12\div 6$
$=11+2$
$=13$

③ $17+2\times\{-6-(-4)\}$
$=17+2\times(-2)$
$=17-4$
$=13$

④ $15+4\times\{-2-(-1)\}$
$=15+4\times(-1)$
$=15-4$
$=11$

⑤ $\{5-(-3)\}\times 2-12$
$=8\times 2-12$
$=16-12$
$=4$

⑥ $\{7-(-8)\}\div 3-2$
$=15\div 3-2$
$=5-2$
$=3$

⑦ $13-\{-6-(4-8)\times 3\}$
$=13-\{-6-(-4)\times 3\}$
$=13-\{-6-(-12)\}$
$=13-6$
$=7$

⑧ $20+\{-4-(6-4)\div 2\}$
$=20+(-4-1)$
$=20-5$
$=15$

⑨ $4\times\{-11+(-39)\}-4\times 6$
$=4\times(-50)-24$
$=-200-24$
$=-224$

p.105
ステップB

① $4\times\{-12-(-3)\}+4\times 9$
$=4\times(-9)+4\times 9$
$=-36+36$
$=0$

② $16\div\{-8-(-6)\}-4\times 3$
$=16\div(-8+6)-4\times 3$
$=16\div(-2)-4\times 3$
$=-8-12$
$=-20$

③ $5-3\times\{(2-3)^2\times(-4)\}$
$=5-3\times\{1\times(-4)\}$
$=5-3\times(-4)$
$=5+12$
$=17$

④ $9+12\div\{(4-2)^2\times(-3)\}$
$=9+12\div\{2^2\times(-3)\}$
$=9+12\div(-12)$
$=9-1$
$=8$

⑤ $18\div\{(2-5)^2\div 3\}-2$
$=18\div\{(-3)^2\div 3\}-2$
$=18\div 3-2$
$=6-2$
$=4$

⑥ $2^2+\{7-(2-6)\div 4\}$
$=4+\{7-(-4)\div 4\}$
$=4+\{7-(-1)\}$
$=4+8$
$=12$

⑦ 163cm
$162+\{(6+2+0-4)\div 4\}=163$(cm)
→$(6+2+0-4)\div 4=1$より、4人の平均身長は、Cの身長（162cm）より1cm高くなることがわかります。なお、1人1人の身長をまず求める、次のような式でも、もちろん正解です。
$\{(162+6)+(162+2)+162+(162-4)\}\div 4=163$(cm)
　　Aの身長　Bの身長 Cの身長 Dの身長

文字と式

9 乗法①

p.106
ステップA
① $5a$ ② $-2b$ ③ 0 ④ $-a$
⑤ $3c+2$ ⑥ $6b-3$ ⑦ $24y$ ⑧ $a-b$
⑨ $-2x+4$ ⑩ ab ⑪ abc ⑫ $-8ax$
⑬ a ⑭ $3a-4b$ ⑮ $0.1xy$

p.107
ステップB
① $4x$ ② $-3x$ ③ $-x$
④ $-6xy$ ⑤ ab ⑥ $-0.1abc$
⑦ $-a+b$ ⑧ (1) $6y$cm² (2) $(100x+ay)$g
(3) xykm (4) $(3a-5b)$円

10 乗法②(累乗)

p.108
ステップA
① a^3 ② $3xy^2$ ③ $-x^2$ ④ xy^3
⑤ ax^3y^2 ⑥ $-20x^2y^4$ ⑦ $-x^2y$ ⑧ x^2
⑨ $10mn^2$ ⑩ $0.03m^2n^2$

p.109
ステップB
① $2a^2b^2$ ② a^2bc^2 ③ $20a^3y^2$ ④ $2a^3b$
⑤ (1) $a^2 m^2$
　 (2) $4a^2 m^2$
　　$2a(m) \times 2a(m) = 4a^2 m^2$
⑥ (1) $(x^3+y^3)\,\mathrm{cm}^3$
　 (2) $10^6 x^3 \mathrm{cm}^3$ ($1000000 x^3 \mathrm{cm}^3$ でも正解)
　→ $1\mathrm{m} = 100\mathrm{cm} = 10^2 \mathrm{cm}$
　したがって、$x\mathrm{m} = 10^2 x\mathrm{cm}$ となる。

11 除法

p.110
ステップA
① $x \div 1 = \dfrac{x}{1} = x$
② $x \div (-1) = \dfrac{x}{-1} = -x$
③ $x \div x = \dfrac{x}{x} = 1$
④ $x \div (-x) = \dfrac{x}{-x} = -1$
⑤ $(-x) \div (-x) = \dfrac{-x}{-x} = 1$
⑥ $ab \div 2a = \dfrac{ab}{2a} = \dfrac{1}{2}b$ $\left(\dfrac{b}{2}$ でもよい$\right)$
⑦ $2x \div 3 = \dfrac{2}{3}x$
⑧ $(-1) \div a = \dfrac{-1}{a} = -\dfrac{1}{a}$
⑨ $9x \div 3 = \dfrac{\overset{3}{9x}}{\underset{1}{3}} = 3x$
⑩ $2 \div (x+1) = \dfrac{2}{x+1}$
⑪ $3 \div (2y+1) = \dfrac{3}{2y+1}$
⑫ $4a \div 2a = \dfrac{\overset{2}{4a}}{\underset{1}{2a}} = 2$

p.111
ステップB
① $18y \div (-3) = \dfrac{\overset{6}{18y}}{\underset{1}{-3}} = -6y$
② $3x \div (-4) = \dfrac{3x}{-4} = -\dfrac{3}{4}x$
③ $-3ab \div a = \dfrac{-3ab}{a} = -3b$
④ (1) $\dfrac{x}{60}$ 分　$x \div 60 = \dfrac{x}{60}$ (分)　→1秒= $\dfrac{1}{60}$ 分なので、60でわればよい。
　 (2) $\dfrac{a}{8}$ 円　$a \div 8 = \dfrac{a}{8}$ (円)
　 (3) $\dfrac{x}{a}$ 時間　$x \div a = \dfrac{x}{a}$ (時間)
　　→時間 = 道のり ÷ 速さ = $\dfrac{道のり}{速さ}$

　 (4) $\dfrac{x}{85}$ 分　$x \div 85 = \dfrac{x}{85}$ (分)
　→(3)と同じ式を使う。

12 四則混合計算

p.112
ステップA
① $3a - b$ ② $2a - 4b$ ③ $\dfrac{3a}{b} + 2$
④ $5 - 6x \div y$
　$= 5 - 6x \times \dfrac{1}{y}$
　$= 5 - \dfrac{6x}{y}$
⑤ $4a \times 2b \div 6$
　$= 4a \times 2b \times \dfrac{1}{6}$
　$= \dfrac{\overset{4}{8ab}}{\underset{3}{6}}$
　$= \dfrac{4ab}{3}$
⑥ $5x \div y \div 10$
　$= 5x \times \dfrac{1}{y} \times \dfrac{1}{10}$
　$= \dfrac{\overset{1}{5x}}{\underset{2}{10}y}$
　$= \dfrac{x}{2y}$
⑦ $24a - 2b$ ⑧ $3ab$
⑨ $12x - 24xy \div 8x$
　$= 12x - \dfrac{\overset{3}{24xy}}{\underset{1}{8x}}$
　$= 12x - 3y$
⑩ $120xy - 3x$

p.113
ステップB
① $2a \times b \times 3 + 4 \times 2b \times 2$
　$= 6ab + 16b$
② $x \times 4 \times 2y - 12 \div 8 \times x$
　$= 8xy - 12 \times \dfrac{1}{8} \times x$
　$= 8xy - \dfrac{\overset{3}{12x}}{\underset{2}{8}}$
　$= 8xy - \dfrac{3x}{2}$
③ $\dfrac{1}{2}xy\,\mathrm{cm}^2$
　$x\mathrm{cm} \times y\mathrm{cm} \div 2$
　$= xy\,\mathrm{cm}^2 \times \dfrac{1}{2}$
　$= \dfrac{1}{2}xy\,(\mathrm{cm}^2)$
④ $(8a + 5y)$ 円
　$8 \times a + 5 \times y$
　$= 8a + 5y$ (円)
⑤ $(10x - 3y)\,d\ell$
　1 ℓ は10$d\ell$ だから ℓ を$d\ell$ になおして単位をそろえると残りの水の量は、
　$(10 \times x)\,d\ell - (y \times 3)\,d\ell$
　$= 10xd\ell - 3yd\ell$
　$= (10x - 3y)\,d\ell$

13 同類項の計算

p.114
ステップA

① $8x$　② $-6x$　③ $-a$　④ $-5y$　⑤ $-19x$
⑥ 0　⑦ $-\frac{1}{2}x$　⑧ $-4a$　⑨ $-\frac{8}{9}x$　⑩ $1.11x$
⑪ $4x-2$　⑫ $5y$　⑬ $\frac{3}{4}a$

p.115
ステップB

① $23a$　② 0　③ $-y$　④ $-2x-3$
⑤ $\frac{9}{3}x+\frac{2}{3}x+\frac{1}{3}x=\frac{12}{3}x\!\!\!\!\!\!^{4}_{1}=4x$
⑥ $\frac{7}{10}a-\frac{5}{10}a-\frac{2}{10}a=0$　⑦ $-x$
⑧ $\frac{7}{8}x-\frac{8}{8}x+\frac{6}{8}x=\frac{5}{8}x$
⑨ $8x$　⑩ $-x-2$

14 代入計算①

p.116
ステップA

① -15　② -18　③ -4　④ -3　⑤ -20
⑥ -98

p.117
ステップB

① 48　② -13　③ 9　④ -5
⑤(1) $4x$円　(2) 1000円　$4x=4\times(250)=1000$(円)
⑥(1) $(500-5x)$円
　(2) 100円　$500-5x=500-5\times(80)=100$(円)

15 代入計算②

p.118
ステップA

① 17　② 45　③ 30　④ 7　⑤ -26

p.119
ステップB

① 6　② 27　③ $-4\times(-5)\times(-5)=-100$
④ $5\times(-3)\times(4)=-60$
⑤ $-3\times(6)\times(-4)=72$
⑥(1) $ab\,\text{cm}^2$　(2) $35\,\text{cm}^2$　$ab=(5)\times(7)=35$
⑦(1) $100x+50+y$
　(2) 256　$100x+50+y=100\times(2)+50+(6)=256$

一次方程式（基本）

16 $ax=b$

p.121
ステップA

① $6x=-12$
　$x=\dfrac{-12}{6}\!\!\!\!^{2}_{1}$
　$x=-2$

② $4x=-16$
　$x=\dfrac{-16}{4}\!\!\!\!^{4}_{1}$
　$x=-4$

③ $-5x=25$
　$x=\dfrac{25}{-5}\!\!\!\!^{5}_{1}$
　$x=-5$

④ $-24x=-18$
　$x=\dfrac{-18}{-24}\!\!\!\!^{3}_{4}$
　$x=\dfrac{3}{4}$

⑤ $14y=-6$
　$y=\dfrac{-6}{14}\!\!\!\!^{3}_{7}$
　$y=-\dfrac{3}{7}$

⑥ $3x=-42$
　$x=\dfrac{-42}{3}\!\!\!\!^{14}_{1}$
　$x=-14$

⑦ $-12x=-4$
　$x=\dfrac{-4}{-12}\!\!\!\!^{1}_{3}$
　$x=\dfrac{1}{3}$

⑧ $-7y=35$
　$y=\dfrac{35}{-7}\!\!\!\!^{5}_{1}$
　$y=-5$

p.121
ステップB

① $4x=24$
　$x=\dfrac{24}{4}\!\!\!\!^{6}_{1}$
　$x=6$

② $-8x=48$
　$x=\dfrac{48}{-8}\!\!\!\!^{6}_{1}$
　$x=-6$

③ $-13x=-26$
　$x=\dfrac{-26}{-13}\!\!\!\!^{2}_{1}$
　$x=2$

④ $28x=-36$
　$x=\dfrac{-36}{28}\!\!\!\!^{9}_{7}$
　$x=-\dfrac{9}{7}$

⑤ $-42x=-18$
　$x=\dfrac{-18}{-42}\!\!\!\!^{3}_{7}$
　$x=\dfrac{3}{7}$

⑥ $-27x=51$
　$x=\dfrac{51}{-27}\!\!\!\!^{17}_{9}$
　$x=-\dfrac{17}{9}$

⑦ 20人
　$500x=10000$
　$x=\dfrac{10000}{500}\!\!\!\!^{20}_{1}$
　$x=20$(人)

⑧ 75人
　$3:5=45:x$
　内項の積と外項の積は
　等しいから（p.83）
　$3x=225$
　$x=75$

17 $ax+bx=c$、$ax+bx=c+d$

p.122
ステップA

① $5x+3x=4$
$8x=4$
$x=\dfrac{\cancel{4}^1}{\cancel{8}_2}$
$x=\dfrac{1}{2}$

② $-x-2x=9$
$-3x=9$
$x=\dfrac{\cancel{9}^3}{\cancel{-3}_1}$
$x=-3$

③ $2x+4x=-3+1$
$6x=-2$
$x=\dfrac{\cancel{-2}^1}{\cancel{6}_3}$
$x=-\dfrac{1}{3}$

④ $3x-7x=11-6$
$-4x=5$
$x=-\dfrac{5}{4}$

⑤ $6x+4x=-3+1$
$10x=-2$
$x=\dfrac{\cancel{-2}^1}{\cancel{10}_5}$
$x=-\dfrac{1}{5}$

⑥ $-5x+13x=8+4$
$8x=12$
$x=\dfrac{\cancel{12}^3}{\cancel{8}_2}$
$x=\dfrac{3}{2}$

⑦ $4x-12x=-6-5$
$-8x=-11$
$x=\dfrac{11}{8}$

⑧ $10x+5x=16+11$
$15x=27$
$x=\dfrac{\cancel{27}^9}{\cancel{15}_5}$
$x=\dfrac{9}{5}$

p.123
ステップB

① $5x-9x=10$
$-4x=10$
$x=\dfrac{\cancel{10}^5}{\cancel{-4}_2}$
$x=-\dfrac{5}{2}$

② $-13x+6x=-21$
$-7x=-21$
$x=\dfrac{\cancel{-21}^3}{\cancel{-7}_1}$
$x=3$

③ $-18x-6x=9+3$
$-24x=12$
$x=\dfrac{\cancel{12}^1}{\cancel{-24}_2}$
$x=-\dfrac{1}{2}$

④ $3x-15x=-14-13$
$-12x=-27$
$x=\dfrac{\cancel{-27}^9}{\cancel{-12}_4}$
$x=\dfrac{9}{4}$

⑤ $-16x+7x=-2+5$
$-9x=3$
$x=\dfrac{\cancel{3}^1}{\cancel{-9}_3}$
$x=-\dfrac{1}{3}$

⑥ $-13x-5x=-19-11$
$-18x=-30$
$x=\dfrac{\cancel{-30}^5}{\cancel{-18}_3}$
$x=\dfrac{5}{3}$

⑦ 2
ある数を x とおくと
$3x+4x=14$
$7x=14$
$x=\dfrac{\cancel{14}^2}{\cancel{7}_1}$
$x=2$

⑧ 3個
リンゴとミカンそれぞれ x 個ずつ買ったとすると
$80x+40x=360$
$120x=360$
$x=\dfrac{\cancel{360}^3}{\cancel{120}_1}$
$x=3$

18 $ax+b=c$

p.124
ステップA

① $5x-4=7$
$5x=7+4$
$x=\dfrac{11}{5}$

② $8x+5=-7$
$8x=-7-5$
$x=\dfrac{\cancel{-12}^3}{\cancel{8}_2}$
$x=-\dfrac{3}{2}$

③ $11+12x=3$
$12x=3-11$
$x=\dfrac{\cancel{-8}^2}{\cancel{12}_3}$
$x=-\dfrac{2}{3}$

④ $-4x-9=7$
$-4x=7+9$
$x=\dfrac{\cancel{16}^4}{\cancel{-4}_1}$
$x=-4$

⑤ $-10x+7=-13$
$-10x=-13-7$
$x=\dfrac{\cancel{-20}^2}{\cancel{-10}_1}$
$x=2$

⑥ $16x+7=-13$
$16x=-13-7$
$x=\dfrac{\cancel{-20}^5}{\cancel{16}_4}$
$x=-\dfrac{5}{4}$

⑦ $6x-8=-12$
$6x=-12+8$
$x=\dfrac{\cancel{-4}^2}{\cancel{6}_3}$
$x=-\dfrac{2}{3}$

⑧ $-21x-4=-19$
$-21x=-19+4$
$x=\dfrac{\cancel{-15}^5}{\cancel{-21}_7}$
$x=\dfrac{5}{7}$

p.125
ステップB

① $-11+8x=7$
$8x=7+11$
$x=\dfrac{\cancel{18}^9}{\cancel{8}_4}$
$x=\dfrac{9}{4}$

② $-14x+3=10$
$-14x=10-3$
$x=\dfrac{\cancel{7}^1}{\cancel{-14}_{-2}}$
$x=-\dfrac{1}{2}$

③ $16+14x=-10$
$14x=-10-16$
$x=\dfrac{\cancel{-26}^{-13}}{\cancel{14}_7}$
$x=-\dfrac{13}{7}$

④ $-12x-9=15$
$-12x=15+9$
$x=\dfrac{\cancel{24}^2}{\cancel{-12}_{-1}}$
$x=-2$

⑤ $13-3x=-11$
$-3x=-11-13$
$x=\dfrac{\cancel{-24}^8}{\cancel{-3}_1}$
$x=8$

⑥ $-27-32x=-19$
$-32x=-19+27$
$x=\dfrac{\cancel{8}^1}{\cancel{-32}_{-4}}$
$x=-\dfrac{1}{4}$

⑦ 225 円
参考書1冊の値段を
x円とおくと
$1000-4x=100$
$-4x=100-1000$
$x=\dfrac{\cancel{-900}^{225}}{\cancel{-4}_1}$
$x=225$

⑧ 40 cm
残りの2つの板のそれ
ぞれの長さを$x$cmとお
くと
$20+x+x=100$
$2x=100-20$
$x=\dfrac{\cancel{80}^{40}}{\cancel{2}_1}$
$x=40$

19 $ax=bx+c$

p.126
ステップA

① $5x=2x-8$
$5x-2x=-8$
$3x=-8$
$x=-\dfrac{8}{3}$

② $4x=7-3x$
$4x+3x=7$
$7x=7$
$x=\dfrac{\cancel{7}}{\cancel{7}}$
$x=1$

③ $3x=-9x+3$
$3x+9x=3$
$12x=3$
$x=\dfrac{\cancel{3}^1}{\cancel{12}_4}$
$x=\dfrac{1}{4}$

④ $5x=18+9x$
$5x-9x=18$
$-4x=18$
$x=\dfrac{\cancel{18}^9}{\cancel{-4}_{-2}}$
$x=-\dfrac{9}{2}$

⑤ $7x=-4x-22$
$7x+4x=-22$
$11x=-22$
$x=\dfrac{\cancel{-22}^{-2}}{\cancel{11}_1}$
$x=-2$

⑥ $4x=-3-11x$
$4x+11x=-3$
$15x=-3$
$x=\dfrac{\cancel{-3}^{-1}}{\cancel{15}_5}$
$x=-\dfrac{1}{5}$

⑦ $9x=12-7x$
$9x+7x=12$
$16x=12$
$x=\dfrac{\cancel{12}^3}{\cancel{16}_4}$
$x=\dfrac{3}{4}$

⑧ $-21x=-13x-12$
$-21x+13x=-12$
$-8x=-12$
$x=\dfrac{\cancel{-12}^3}{\cancel{-8}_2}$
$x=\dfrac{3}{2}$

p.127
ステップB

① $-13x=2x-9$
$-13x-2x=-9$
$-15x=-9$
$x=\dfrac{\cancel{-9}^3}{\cancel{-15}_5}$
$x=\dfrac{3}{5}$

② $17x=-8+11x$
$17x-11x=-8$
$6x=-8$
$x=\dfrac{\cancel{-8}^{-4}}{\cancel{6}_3}$
$x=-\dfrac{4}{3}$

③ $-10x=-16x+15$
$-10x+16x=15$
$6x=15$
$x=\dfrac{\cancel{15}^5}{\cancel{6}_2}$
$x=\dfrac{5}{2}$

④ $-15x=-12-29x$
$-15x+29x=-12$
$14x=-12$
$x=\dfrac{\cancel{-12}^{-6}}{\cancel{14}_7}$
$x=-\dfrac{6}{7}$

⑤ 3
ある数をxとする。
$2x=4x-6$
$2x-4x=-6$
$-2x=-6$
$x=\dfrac{\cancel{-6}^3}{\cancel{-2}_1}$
$x=3$

⑥ 6 人
テニス部の人数をxと
する。
$\underbrace{5x}_{\substack{陸上部の\\人数}}=\underbrace{6x-6}_{\substack{野球部の\\人数}}$
$5x-6x=-6$
$-x=-6$
$x=6$

⑦ 3 分後
x分後に追いつくとする。「Aさんが自転車で走った
道のり」=「父親が歩いた道のり」となるので、

$\underbrace{180x}_{\text{Aさんが自転車で走った道のり}}=\underbrace{60x+60\times6}_{\text{父親が歩いた道のり}}$ 　$60(x+6)$ とも書ける 速さ×時間

$180x-60x=60\times6$
$120x=360$
$x=\dfrac{\cancel{360}^3}{\cancel{120}_1}$
$x=3$

20 $ax+b=cx+d$

p.128

ステップA

① $3x+5=-6x-1$
$3x+6x=-1-5$
$9x=-6$
$x=\dfrac{-6}{9}=-\dfrac{2}{3}$

② $4x+6=10-x$
$4x+x=10-6$
$5x=4$
$x=\dfrac{4}{5}$

③ $6x+3=10x+5$
$6x-10x=5-3$
$-4x=2$
$x=\dfrac{2}{-4}=-\dfrac{1}{2}$

④ $-5x-2=7+x$
$-5x-x=7+2$
$-6x=9$
$x=\dfrac{9}{-6}=-\dfrac{3}{2}$

⑤ $-8x-6=4-3x$
$-8x+3x=4+6$
$-5x=10$
$x=\dfrac{10}{-5}=-2$

⑥ $9x-4=5x-2$
$9x-5x=-2+4$
$4x=2$
$x=\dfrac{2}{4}=\dfrac{1}{2}$

⑦ $7-12x=-3x-2$
$-12x+3x=-2-7$
$-9x=-9$
$x=\dfrac{-9}{-9}=1$

⑧ $-11-19x=-17-10x$
$-19x+10x=-17+11$
$-9x=-6$
$x=\dfrac{-6}{-9}=\dfrac{2}{3}$

p.129

ステップB

① $11x+7=3x+13$
$11x-3x=13-7$
$8x=6$
$x=\dfrac{6}{8}=\dfrac{3}{4}$

② $-15x-9=-7x-5$
$-15x+7x=-5+9$
$-8x=4$
$x=\dfrac{4}{-8}=-\dfrac{1}{2}$

③ $17-9x=-12x-19$
$-9x+12x=-19-17$
$3x=-36$
$x=\dfrac{-36}{3}=-12$

④ $13x-14=-3x+6$
$13x+3x=6+14$
$16x=20$
$x=\dfrac{20}{16}=\dfrac{5}{4}$

⑤ $11+25x=-17-10x$
$25x+10x=-17-11$
$35x=-28$
$x=\dfrac{-28}{35}=-\dfrac{4}{5}$

⑥ $-18x-27=-12-13x$
$-18x+13x=-12+27$
$-5x=15$
$x=\dfrac{15}{-5}=-3$

⑦ 4枚

兄が弟にx枚与えたとする。
$19-x=11+x$
$-x-x=11-19$
$-2x=-8$
$x=\dfrac{-8}{-2}=4$
$x=4$

⑧ 8個

ミカンの個数をx個とおくと、
リンゴの個数は$4x$個
メロンの個数は$5x$個である。
したがって、
$4x+2=5x-6$
$4x-5x=-6-2$
$-x=-8$
$x=\dfrac{-8}{-1}$
$x=8$

21 xの係数が小数の一次方程式

p.130
ステップA

① $0.3x+2=0.2x+4$
$3x+20=2x+40$
$3x-2x=40-20$
$x=20$

② $0.4x+0.2=0.2x+0.1$
$4x+2=2x+1$
$4x-2x=1-2$
$2x=-1$
$x=-\dfrac{1}{2}$

③ $0.5x+2=0.3x-4$
$5x+20=3x-40$
$5x-3x=-40-20$
$2x=-60$
$x=\dfrac{-\cancel{60}^{30}}{\cancel{2}_{1}}$
$x=-30$

④ $1.2-0.9x=0.4x+0.2$
$12-9x=4x+2$
$-9x-4x=2-12$
$-13x=-10$
$x=\dfrac{10}{13}$

⑤ $0.2x+0.3=0.4x-0.9$
$2x+3=4x-9$
$2x-4x=-9-3$
$-2x=-12$
$x=\dfrac{-\cancel{12}^{6}}{-\cancel{2}_{1}}$
$x=6$

⑥ $0.7-0.8x=0.2x+0.5$
$7-8x=2x+5$
$-8x-2x=5-7$
$-10x=-2$
$x=\dfrac{-\cancel{2}^{1}}{-\cancel{10}_{5}}$
$x=\dfrac{1}{5}$

⑦ $0.55x+0.2=x-0.7$
$55x+20=100x-70$
$55x-100x=-70-20$
$-45x=-90$
$x=\dfrac{-\cancel{90}^{2}}{-\cancel{45}_{1}}$
$x=2$

⑧ $-2.1x-1.35=-2.4-1.05x$
$-210x-135=-240-105x$
$-210x+105x=-240+135$
$-105x=-105$
$x=\dfrac{-\cancel{105}^{1}}{-\cancel{105}_{1}}$
$x=1$

p.131
ステップB

① $0.9x+6=0.4x-2$
$9x+60=4x-20$
$9x-4x=-20-60$
$5x=-80$
$x=\dfrac{-\cancel{80}^{16}}{\cancel{5}_{1}}$
$x=-16$

② $0.39x-0.65=0.15x+0.19$
$39x-65=15x+19$
$39x-15x=19+65$
$24x=84$
$x=\dfrac{\cancel{84}^{7}}{\cancel{24}_{2}}$
$x=\dfrac{7}{2}$

③ $-0.72x+0.09=-0.15-0.08x$
$-72x+9=-15-8x$
$-72x+8x=-15-9$
$-64x=-24$
$x=\dfrac{-\cancel{24}^{3}}{-\cancel{64}_{8}}$
$x=\dfrac{3}{8}$

④ $-0.82-1.02x=0.42x-0.22$
$-82-102x=42x-22$
$-102x-42x=-22+82$
$-144x=60$
$x=\dfrac{\cancel{60}^{5}}{-\cancel{144}_{12}}$
$x=-\dfrac{5}{12}$

⑤ $2.16-1.4x=-0.24-x$
$216-140x=-24-100x$
$-140x+100x=-24-216$
$-40x=-240$
$x=\dfrac{-\cancel{240}^{6}}{-\cancel{40}_{1}}$
$x=6$

⑥ $-3.2x-0.12=-1.28x-2.6$
$-320x-12=-128x-260$
$-320x+128x=-260+12$
$-192x=-248$
$x=\dfrac{-248}{-192}{}^{31}_{24}$
$x=\dfrac{31}{24}$

182

⑦ 18cm

短い方のリボンの長さを$x$cmとおく。
$$x+1.5x+5=50$$
$$10x+15x+50=500$$
$$10x+15x=500-50$$
$$25x=450$$
$$x=\frac{450}{25}=18$$
$$x=18$$

⑧ 200円

定価をx円とする。
$$x-0.15x=150+20$$
$$100x-15x=15000+2000$$
$$85x=17000$$
$$x=\frac{17000}{85}=200$$
$$x=200$$

22 ( )のある一次方程式

p.132
ステップA

① $2(x+5)=14$
$2x+10=14$
$2x=4$
$x=2$

② $-(x+8)=3x$
$-x-8=3x$
$-4x=8$
$x=-2$

③ $3x+2=4(x-1)$
$3x+2=4x-4$
$-x=-6$
$x=6$

④ $6(x-2)=-x+2$
$6x-12=-x+2$
$7x=14$
$x=2$

⑤ $-3(x-2)=9x+3$
$-3x+6=9x+3$
$-12x=-3$
$x=\frac{1}{4}$

⑥ $7(x+2)=3x-2$
$7x+14=3x-2$
$4x=-16$
$x=-4$

⑦ $4(x-2)=3(x+5)$
$4x-8=3x+15$
$x=23$

⑧ $10(x+2)=4(x-4)$
$10x+20=4x-16$
$6x=-36$
$x=-6$

p.133
ステップB

① $2(x-4)=-5(x-2)$
$2x-8=-5x+10$
$7x=18$
$x=\frac{18}{7}$

② $9(x-3)=-12(x-2)$
$9x-27=-12x+24$
$21x=51$
$x=\frac{51}{21}=\frac{17}{7}$
$x=\frac{17}{7}$

③ $9x-3(2x+5)=11$
$9x-6x-15=11$
$3x=26$
$x=\frac{26}{3}$

④ $6x+7(x-5)=4$
$6x+7x-35=4$
$13x=39$
$x=\frac{39}{13}=3$
$x=3$

⑤ $3x-5(x-2)=4x$
$3x-5x+10=4x$
$-6x=-10$
$x=\frac{-10}{-6}=\frac{5}{3}$
$x=\frac{5}{3}$

⑥ $7x-6(x-5)=4x+6$
$7x-6x+30=4x+6$
$-3x=-24$
$x=\frac{-24}{-3}=8$
$x=8$

⑦ 15本

えんぴつをx本買ったとすると
$$50x+90(20-x)+300=1500$$
$$50x+1800-90x+300=1500$$
$$-40x=-600$$
$$x=\frac{-600}{-40}=15$$
$$x=15$$

⑧ 父40歳、子10歳

現在の子どもの年齢をx歳とすると、
5年後の父親の年齢は、
$$\underset{\text{現在}}{4x}+\underset{\text{5年後}}{5}=\underset{\text{3倍}}{3}(\underset{\text{5年後の子ども}}{x+5})$$
$$4x+5=3x+15$$
$$x=10 \quad 現在の父親は 4×10=40$$

23 誤りやすい問題

p.134
ステップA

① $-x=1$
$x=-1$

② $2x-3=x-3$
$2x-x=-3+3$
$x=0$

③ $-x=x-2$
$-x-x=-2$
$-2x=-2$
$x=1$

④ $-3x=5x$
$-3x-5x=0$
$-8x=0$
$x=0$

⑤ $3x=4x+5$
$3x-4x=5$
$-x=5$
$x=-5$

⑥ $-3x+2=2$
$-3x=2-2$
$-3x=0$
$x=0$

⑦ $x+5=-x-5$
$x+x=-5-5$
$2x=-10$
$x=-5$

⑧ $2x=-12x$
$2x+12x=0$
$14x=0$
$x=0$

p.135
ステップB

① $-x=3$
$x=-3$

② $5x-4=-8x-4$
$5x+8x=-4+4$
$13x=0$
$x=0$

③ $-x=x+6$
$-x-x=6$
$-2x=6$
$x=-3$

④ $x=-x$
$x+x=0$
$2x=0$
$x=0$

⑤ $x-8=2x-7$
$x-2x=-7+8$
$-x=1$
$x=-1$

⑥ $-2x+5=7x+5$
$-2x-7x=5-5$
$-9x=0$
$x=0$

⑦ $-x-7=x-6$
$-2x=1$
$x=-\dfrac{1}{2}$

⑧ $3x=-5x$
$3x+5x=0$
$8x=0$
$x=0$

⑨ $x=-x-5$
$2x=-5$
$x=-\dfrac{5}{2}$

⑩ $4x-8=-4x-8$
$4x+4x=-8+8$
$8x=0$
$x=0$

一次方程式（分数・混合）

24 $ax=b$で、a、bが分数の場合

p.136
ステップA

① $\dfrac{1}{3}x=2$
$x=6$

② $-\dfrac{2}{5}x=4$
$x=-\overset{2}{\cancel{4}}\times\dfrac{5}{\cancel{2}_{1}}$
$x=-10$

③ $\dfrac{2}{5}x=-\dfrac{3}{5}$
$x=-\dfrac{3}{\cancel{5}_{1}}\times\dfrac{\cancel{5}^{1}}{2}$
$x=-\dfrac{3}{2}$

④ $-\dfrac{2}{7}x=\dfrac{4}{7}$
$x=-\dfrac{\cancel{4}^{2}}{\cancel{7}_{1}}\times\dfrac{\cancel{7}^{1}}{\cancel{2}_{1}}$
$x=-2$

⑤ $-\dfrac{1}{5}x=-\dfrac{7}{15}$
$x=-\dfrac{7}{\cancel{15}_{3}}\times(-\cancel{5}^{1})$
$x=\dfrac{7}{3}$

⑥ $-\dfrac{5}{6}x=-\dfrac{3}{8}$
$x=-\dfrac{3}{8}\times\left(-\dfrac{6}{5}\right)$
$x=\dfrac{3}{\cancel{8}_{4}}\times\dfrac{\cancel{6}^{3}}{5}$
$x=\dfrac{9}{20}$

⑦ $-\dfrac{5}{6}x=10$
$x=-\cancel{10}^{2}\times\dfrac{6}{\cancel{5}_{1}}$
$x=-12$

⑧ $-\dfrac{4}{9}x=-\dfrac{7}{9}$
$x=-\dfrac{7}{9}\times\left(-\dfrac{9}{4}\right)$
$x=\dfrac{7}{\cancel{9}_{1}}\times\dfrac{\cancel{9}^{1}}{4}$
$x=\dfrac{7}{4}$

p.137
ステップB

① $-\dfrac{3}{8}x=-9$
$x=-9\times\left(-\dfrac{8}{3}\right)$
$x=\cancel{9}^{3}\times\dfrac{8}{\cancel{3}_{1}}$
$x=24$

② $-\dfrac{8}{9}x=\dfrac{2}{9}$
$x=\dfrac{2}{9}\times\left(-\dfrac{9}{8}\right)$
$x=-\dfrac{\cancel{2}^{1}}{\cancel{9}_{1}}\times\dfrac{\cancel{9}^{1}}{\cancel{8}_{4}}$
$x=-\dfrac{1}{4}$

③ $\dfrac{5}{12}x=-\dfrac{1}{2}$
$x=-\dfrac{1}{\cancel{2}_{1}}\times\dfrac{\cancel{12}^{6}}{5}$
$x=-\dfrac{6}{5}$

④ $-\dfrac{4}{15}x=\dfrac{8}{5}$
$x=-\dfrac{\cancel{8}^{2}}{\cancel{5}_{1}}\times\dfrac{\cancel{15}^{3}}{\cancel{4}_{1}}$
$x=-6$

⑤ $\dfrac{5}{12}x=\dfrac{15}{6}$
$x=\dfrac{\cancel{15}^{3}}{\cancel{6}_{1}}\times\dfrac{\cancel{12}^{2}}{\cancel{5}_{1}}$
$x=6$

⑥ $-\dfrac{3}{10}x=-\dfrac{5}{8}$
$x=-\dfrac{5}{8}\times\left(-\dfrac{10}{3}\right)$
$x=\dfrac{5}{\cancel{8}_{4}}\times\dfrac{\cancel{10}^{5}}{3}$
$x=\dfrac{25}{12}$

⑦ 150cm

もとのロープの長さを$x$cmとする。
$\dfrac{3}{5}x=90$
$x=\cancel{90}^{30}\times\dfrac{5}{\cancel{3}_{1}}$
$x=150$

⑧ 42分

x 分かかるとする。

時速 50 km を分速に直すと $\frac{50}{60}$ km／分

$$\frac{50}{60} \times x = 35$$

速さ　時間　距離
（分速）（分）（km）

$$x = 35 \times \frac{6}{5}$$
$$x = 42$$

25 $ax+b=c$ で、a、b、c が分数の場合

ここでのポイントは、まず分数を消すこと。そのためには、分母の最小公倍数を両辺にかけます。

p.138

ステップA

① $\frac{1}{2}x + \frac{2}{3} = \frac{1}{6}$
$6 \times \frac{1}{2}x + 6 \times \frac{2}{3} = 6 \times \frac{1}{6}$
$3x + 4 = 1$
$3x = -3$
$x = -1$

分母は 2、3、6 なので、最小公倍数は 6。これを両辺にかけると分数が消えます。以下、同じようにやっていきます。

② $\frac{1}{4}x - \frac{3}{8} = \frac{3}{4}$
$2x - 3 = 6$
$2x = 9$
$x = \frac{9}{2}$

3つの分数の最小公倍数 8 を両辺にかける。

③ $-\frac{2}{3}x + 2 = \frac{1}{9}$
$-6x + 18 = 1$
$-6x = -17$
$x = \frac{17}{6}$

両辺に 9 をかける。

④ $\frac{5}{6}x - 3 = \frac{1}{3}$
$5x - 18 = 2$
$5x = 20$
$x = 4$

両辺に 6 をかける。

⑤ $\frac{3}{4}x + \frac{1}{6} = -2$
$9x + 2 = -24$
$9x = -26$
$x = -\frac{26}{9}$

⑥ $-\frac{2}{5}x + \frac{3}{5} = 4$
$-2x + 3 = 20$
$-2x = 17$
$x = -\frac{17}{2}$

⑦ $-\frac{1}{2}x + \frac{1}{5} = -\frac{9}{10}$
$-5x + 2 = -9$
$-5x = -11$
$x = \frac{11}{5}$

⑧ $\frac{2}{9}x + \frac{1}{2} = -\frac{5}{9}$
$4x + 9 = -10$
$4x = -19$
$x = -\frac{19}{4}$

p.139

ステップB

① $\frac{2}{5}x - \frac{1}{3} = \frac{7}{15}$
$6x - 5 = 7$
$6x = 12$
$x = 2$

② $-\frac{1}{8}x - \frac{1}{2} = \frac{3}{4}$
$-x - 4 = 6$
$-x = 10$
$x = -10$

③ $\frac{2}{3}x + 4 = -\frac{2}{9}$
$6x + 36 = -2$
$6x = -38$
$x = -\frac{38}{6} = -\frac{19}{3}$

④ $\frac{3}{4}x - \frac{3}{5} = 3$
$15x - 12 = 60$
$15x = 72$
$x = \frac{72}{15} = \frac{24}{5}$

⑤ $-\frac{3}{4}x + \frac{7}{16} = -\frac{7}{8}$
$-12x + 7 = -14$
$-12x = -21$
$x = \frac{-21}{-12} = \frac{7}{4}$

⑥ $-\frac{4}{5}x + \frac{8}{15} = \frac{5}{6}$
$-24x + 16 = 25$
$-24x = 9$
$x = \frac{9}{-24} = -\frac{3}{8}$

⑦ -1

$\frac{5}{8} \times (-4) + \frac{a}{2} = -3$
$-\frac{5}{2} + \frac{a}{2} = -3$
$-5 + a = -6$
$a = -1$

⑧ 10

$80 \times \frac{5}{100} + 120 \times \frac{x}{100} = (80 + 120) \times \frac{8}{100}$

食塩の量　　食塩の量　　　　食塩の量
（5%食塩水）（x%食塩水）　（8%食塩水）

$80 \times \frac{5}{100} + 120 \times \frac{x}{100} = 200 \times \frac{8}{100}$

$4 + \frac{6}{5}x = 16$
$\frac{6}{5}x = 12$
$x = 12 \times \frac{5}{6}$
$x = 10$

26 $ax+b=cx+d$ で、a、b、c、d が分数の場合

24、25と同様、分数の形を消すことがポイントです。そのためには、まず分母の最小公倍数を見つけ出して、両辺にかけます。

p.140
ステップA

① $\frac{1}{2}x+\frac{2}{3}=\frac{1}{3}x+\frac{5}{6}$ 　両辺に6（最小公倍数）をかける。
$6\times\frac{1}{2}x+6\times\frac{2}{3}=6\times\frac{1}{3}x+6\times\frac{5}{6}$
$3x+4=2x+5$
$x=1$

② $\frac{1}{4}x-\frac{1}{8}=\frac{3}{8}x+\frac{1}{2}$ 　両辺に8をかける。
$2x-1=3x+4$
$-x=5$
$x=-5$

③ $-\frac{2}{3}x+6=\frac{1}{3}x-3$
$-2x+18=x-9$
$-3x=-27$
$x=9$

④ $\frac{1}{6}x-3=\frac{2}{3}x-5$
$x-18=4x-30$
$-3x=-12$
$x=4$

⑤ $-5x+\frac{3}{4}=\frac{1}{4}x+\frac{1}{2}$
$-20x+3=x+2$
$-21x=-1$
$x=\frac{1}{21}$

⑥ $-\frac{5}{6}x+1=-\frac{4}{9}x-\frac{4}{3}$
$-15x+18=-8x-24$
$-7x=-42$
$x=6$

⑦ $-\frac{1}{4}x+\frac{2}{3}=\frac{2}{3}x+\frac{1}{2}$
$-3x+8=8x+6$
$-11x=-2$
$x=\frac{2}{11}$

⑧ $\frac{2}{3}x-\frac{1}{2}=\frac{1}{6}x-\frac{2}{3}$
$4x-3=x-4$
$3x=-1$
$x=-\frac{1}{3}$

p.141
ステップB

① $-\frac{5}{8}x+6=\frac{3}{4}x+7$
$-5x+48=6x+56$
$-11x=8$
$x=-\frac{8}{11}$

② $-\frac{1}{3}x+\frac{3}{5}=2x-\frac{2}{5}$
$-5x+9=30x-6$
$-35x=-15$
$x=\frac{-15}{-35}\,^{3}_{7}$
$x=\frac{3}{7}$

③ $-\frac{1}{3}x+\frac{4}{9}=-\frac{1}{2}x+1$
$-6x+8=-9x+18$
$3x=10$
$x=\frac{10}{3}$

④ $\frac{3}{4}x-1=-\frac{1}{3}x+\frac{2}{8}$
$18x-24=-8x+6$
$26x=30$
$x=\frac{30}{26}\,^{15}_{13}$
$x=\frac{15}{13}$

⑤ $x-\frac{3}{7}=\frac{1}{7}x+\frac{3}{2}$
$14x-6=2x+21$
$12x=27$
$x=\frac{27}{12}\,^{9}_{4}$
$x=\frac{9}{4}$

⑥ $-\frac{2}{3}x+\frac{4}{9}=\frac{8}{9}x-5$
$-6x+4=8x-45$
$-14x=-49$
$x=\frac{-49}{-14}\,^{7}_{2}$
$x=\frac{7}{2}$

⑦ 45人

全体の人数を x 人とする。
$\underbrace{21}_{男子}+\underbrace{\frac{2}{3}x-6}_{女子}=\underbrace{x}_{全体}$
$\frac{2}{3}x-x=-15$
$-\frac{1}{3}x=-15$
$-x=-45$
$x=45$

あるいは、
女子生徒の数を x 人とおく
$x=\frac{2}{3}(21+x)-6$
$x=14+\frac{2}{3}x-6$
$\frac{1}{3}x=8$
$x=24$

よって全体の人数は
$24+21=45$（人）

⑧ 3km

道のりを x km とする。
時間 = $\frac{道のり}{速さ}$ から

兄の歩いた時間は $\frac{x}{6}$ 時間。
弟の歩いた時間は $\frac{x}{12}$ 時間。

弟は15分後に出発して兄と同時に公園についたのだから

$\frac{x}{6}=\frac{15}{60}+\frac{x}{12}$ 　分を時に直した

$\frac{x}{6}=\frac{1}{4}+\frac{x}{12}$
$2x=3+x$
$x=3$

27 小数・分数の混じった一次方程式

小数と分数の形を消す（全部、整数に直す）ことがポイントです。①全部の項を10倍、100倍…する（小数を消す）②全部の項に分母の最小公倍数をかける、という順番で進めます。「最小公倍数を10倍、100倍…した数」をかければ、①②が同時にできます。

p.142
ステップA

① $0.1x+2=\frac{1}{5}$
$10\times0.1x+10\times2=10\times\frac{1}{5}$
$x+20=2$
$x=-18$

両辺に10をかける（これは分母の倍数でもある）。

② $\frac{1}{2}x-3=0.4x$
$5x-30=4x$
$x=30$

両辺に10をかける（これは分母の倍数でもある）。

③ $\frac{2}{3}x+3=-x+0.5$
$10\times\frac{2}{3}x+10\times3=10\times(-x)+10\times0.5$
$\frac{20}{3}x+30=-10x+5$
$20x+90=-30x+15$
$50x=-75$
$x=-\frac{3}{2}$

両辺に10をかけ、次に3をかける（または30をかける）。

④ $-0.3x-4=\dfrac{3}{2}x-1$
$-3x-40=15x-10$
$-18x=30$
$x=-\dfrac{5}{3}$

両辺に10をかける。

⑤ $-\dfrac{2}{5}x-3=0.5x+\dfrac{3}{2}$
$-4x-30=5x+15$
$-9x=45$
$x=-5$

両辺に10をかける。

⑥ $\dfrac{1}{3}x-2=-0.5x+\dfrac{4}{3}$
$10x-60=-15x+40$
$25x=100$
$x=4$

両辺に10、次に3をかける(または30をかける)。

⑦ $0.6x-\dfrac{5}{6}=\dfrac{1}{2}x-1.2$
$18x-25=15x-36$
$3x=-11$
$x=-\dfrac{11}{3}$

両辺に30をかける。

⑧ $1.2-\dfrac{2}{3}x=0.4x-\dfrac{4}{5}$
$36-20x=12x-24$
$-32x=-60$
$x=\dfrac{15}{8}$

両辺に30をかける。

p.143

ステップB

① $\dfrac{3}{5}-1.5x=3$
$6-15x=30$
$-15x=24$
$x=-\dfrac{8}{5}$

② $\dfrac{1}{2}x=-4+0.6x$
$5x=-40+6x$
$-x=-40$
$x=40$

③ $1.2-\dfrac{1}{4}x=2-x$
$24-5x=40-20x$
$15x=16$
$x=\dfrac{16}{15}$

④ $3x-\dfrac{1}{2}=0.8x+1$
$30x-5=8x+10$
$22x=15$
$x=\dfrac{15}{22}$

⑤ $-\dfrac{1}{6}x-0.6=-\dfrac{2}{5}x-2$
$-5x-18=-12x-60$
$7x=-42$
$x=-6$

⑥ $0.7x-\dfrac{2}{5}=4-\dfrac{2}{5}x$
$7x-4=40-4x$
$11x=44$
$x=4$

⑦ $0.3x-\dfrac{3}{2}=x+1.3$
$3x-15=10x+13$
$-7x=28$
$x=-4$

⑧ $\dfrac{1}{4}-0.2x=0.5x-\dfrac{1}{2}$
$5-4x=10x-10$
$-14x=-15$
$x=\dfrac{15}{14}$

⑨ $-\dfrac{2}{3}x-2=-0.5x-\dfrac{7}{6}$
$-20x-60=-15x-35$
$-5x=25$
$x=-5$

⑩ $0.2x-\dfrac{1}{4}=\dfrac{3}{8}x-0.4$
$8x-10=15x-16$
$-7x=-6$
$x=\dfrac{6}{7}$

28 分子が$ax+b$の形の一次方程式

p.144

ステップA

① $\dfrac{x+1}{2}=\dfrac{x-2}{3}$
$3(x+1)=2(x-2)$
$3x+3=2x-4$
$x=-7$

② $-\dfrac{x-1}{4}=\dfrac{x+3}{2}$
$-(x-1)=2(x+3)$
$-x+1=2x+6$
$-3x=5$
$x=-\dfrac{5}{3}$

③ $\dfrac{2x+1}{5}=-\dfrac{x-3}{2}$
$2(2x+1)=-5(x-3)$
$4x+2=-5x+15$
$9x=13$
$x=\dfrac{13}{9}$

④ $-\dfrac{x-2}{3}=\dfrac{3x-1}{4}$
$-4(x-2)=3(3x-1)$
$-4x+8=9x-3$
$-13x=-11$
$x=\dfrac{11}{13}$

⑤ $-\dfrac{x-1}{5}=\dfrac{x+3}{2}$
$-2(x-1)=5(x+3)$
$-2x+2=5x+15$
$-7x=13$
$x=-\dfrac{13}{7}$

⑥ $\dfrac{2x-4}{3}=\dfrac{x-9}{4}$
$4(2x-4)=3(x-9)$
$8x-16=3x-27$
$5x=-11$
$x=-\dfrac{11}{5}$

⑦ $\dfrac{2(x+3)}{9}=\dfrac{x+2}{3}-\dfrac{x-5}{6}$

全体に18をかける。

$\dfrac{2(x+3)}{9_1}\times 18^2 = \dfrac{(x+2)}{3_1}\times 18^6 - \dfrac{(x-5)}{6_1}\times 18^3$

$4(x+3)=6(x+2)-3(x-5)$
$4x+12=6x+12-3x+15$
$4x-6x+3x=12+15-12$
$x=15$

⑧ $-\dfrac{x-3}{8}+\dfrac{1}{2}=\dfrac{6-x}{4}$
$-(x-3)+4=2(6-x)$
$-x+3+4=12-2x$
$x=12-7$
$x=5$

p.145
ステップB

① $1-\dfrac{x+1}{2}=-\dfrac{x-4}{3}$
$6-3(x+1)=-2(x-4)$
$6-3x-3=-2x+8$
$-x=5$
$x=-5$

② $-\dfrac{x+4}{9}-2=\dfrac{2(x+1)}{3}$
$-(x+4)-18=6(x+1)$
$-x-4-18=6x+6$
$-7x=28$
$x=-4$

③ $\dfrac{x-1}{3}+2=-\dfrac{4x-1}{9}$
$3(x-1)+18=-(4x-1)$
$3x-3+18=-4x+1$
$7x=-14$
$x=-2$

④ $\dfrac{x-3}{4}=\dfrac{x+5}{3}-\dfrac{5}{6}$
$3(x-3)=4(x+5)-10$
$3x-9=4x+20-10$
$-x=19$
$x=-19$

⑤ $3-\dfrac{x-5}{6}=\dfrac{x-3}{4}$
$36-2(x-5)=3(x-3)$
$36-2x+10=3x-9$
$-5x=-55$
$x=11$

⑥ $\dfrac{4x-3}{5}=\dfrac{x+2}{3}-\dfrac{7}{15}$
$3(4x-3)=5(x+2)-7$
$12x-9=5x+10-7$
$7x=12$
$x=\dfrac{12}{7}$

⑦ 49本
$\underbrace{\dfrac{x-10}{3}}_{クラスの人数}=\underbrace{\dfrac{x+3}{4}}_{クラスの人数}$
$4(x-10)=3(x+3)$
$4x-40=3x+9$
$x=49$

解説
これは難しい問題です。
クラスの人数を 2 通りのやりかた (式) で表すと考えます。

1、x 本のえんぴつをクラス全員に 3 本ずつ配ったら、10 本あまったのですから
実際に配ったえんぴつの数は $x-10$
クラスの人数は $\dfrac{x-10}{3}$ で表せます。

2、x 本のえんぴつをクラス全員に 4 本ずつ配ったら、3 本たりなかったということは
今ある x 本のえんぴつに 3 本足せば、全員に 4 本いきわたるということです。
よってクラスの人数は $\dfrac{x+3}{4}$ とも表せます。

1 と 2 は同じクラスの人数を 2 通りのやりかた (式) で表したのだから
これを＝で結んで
$\dfrac{x-10}{3}=\dfrac{x+3}{4}$
という式ができるのです。

⑧ 長いす 22 脚、観客 120 人

観客の数を x 人とする。
$\underbrace{\dfrac{x-10}{5}}_{長いすの数}=\underbrace{\dfrac{x+12}{6}}_{長いすの数}$

$6(x-10)=5(x+12)$
$6x-60=5x+60$
$x=120$

したがって長いすの数は、
$\dfrac{120-10}{5}=22$(脚)

あるいは、長いすの数を x とおくと
$\underbrace{5x+10}_{観客の数}=\underbrace{6x-12}_{観客の数}$
$x=22$

よって観客の数は
$5\times 22+10=120$(人)

解説
⑦は問題でえんぴつの数を x とおいていましたが、こちらはどの数を x とおくかというところから考えます。
観客の数を x とおいて、長いすの数を 2 通りのやりかた (式) で表すと考えても、長いすの数を x とおいて観客の数を 2 通りのやりかた (式) で表すと考えても、どちらでも答えが求まります。

【到達度調査篇】

p.148

最終チェックテスト

　　　　　　　月　　日　　名前　　　　　　　　

☆途中の式も消さずに残しておくこと。
☆□の中には、あてはまる数字や記号を書き込みなさい。

・コピーをとって行います。
・制限時間は50分。
・一問2点で100点満点。
・解答は189〜191ページ。答えあわせをしたらチェックシート154〜155ページへ。

① $(-8)+5=$ -3

② $0+(-2.5)=$ -2.5

③ $2-(-8)+3=$ 13

④ A地点から南へ5m、そのあと北へ2m、そこからまた北へ6m進みました。南の方向を+とすると、今いるのはA地点から南へ何mの地点ですか。
$$(+5)+(-2)+(-6)=-3$$
答え -3 m

⑤ $(-12)\div(-4)\times 2 = \dfrac{(-\overset{3}{\cancel{12}})}{(-\underset{1}{\cancel{4}})}\times 2 = 3\times 2 = 6$

⑥ （　）の中の正しいほうを○で囲み、□の中をうめなさい。
時速60kmで車が走っています。今いる地点を0とすると、1時間後には（−60km、⓪60km）の地点に着きます。また、今から30分前には -30 kmの地点にいました。

p.149

⑦ $(-2)^2=$ 4

⑧ 次のア〜オの中から、−9と等しいものをすべて選び、○で囲みなさい。
ア、3^2　㋑、-3^2　ウ、$(-3)^2$　㋨、$-(-3)^2$　オ、$-(3^2)$

⑨ $4\times(-3+5)-2=$ 6

⑩ $-2^2\times 3+(-2)^2\times 3=$ 0

⑪ $|(-3)+(-22)|\div 5=$ -5

⑫ $10+|16-(-4)\times 2|\div 3=$ 18

⑬ $(-x)\times 3-y\times 2.4=$ $-3x-2.4y$

⑭ 一辺が y cm の正方形があります。その一辺を2倍に、もう一辺を3倍にして長方形にした場合、その面積は何 cm² になりますか。文字を使った式で表しなさい。
$$(2\times y)\times(3\times y)=6y^2$$
答え $6y^2$ cm²

p.150

⑮ $(3x-2y)\div(-1) = \dfrac{3x-2y}{-1} = -3x+2y$

⑯ ある生徒のテストの点数は、1 回目は x 点、2 回目は y 点、3 回目は 70 点でした。3 回のテストの平均点を文字を使った式で表しなさい。

$(x+y+70)\div 3 = \dfrac{x+y+70}{3}$　　答え $\boxed{\dfrac{x+y+70}{3}}$

⑰ $x\times 6\times 3y - x\times 4\div 8 = 18xy - \dfrac{\cancel{4}^{1}x}{\cancel{8}_{2}} = 18xy - \dfrac{x}{2}$ $(18xy-\dfrac{1}{2}x$ でもよい$)$

⑱ 50 円のえんぴつを x 本と、y 円のノートを 7 冊買った場合、その代金の合計を文字を使った式で表しなさい。

$50\times x + y\times 7 = 50x+7y$　　答え $\boxed{(50x+7y)}$ 円

⑲ $-0.7x-2.1y+(-1.4y)+1.5x = -0.7x+1.5x-2.1y-1.4y = 0.8x-3.5y$

⑳ $-\dfrac{1}{2}x-\left(-\dfrac{5}{6}x\right)+\dfrac{1}{3}x = \dfrac{3\times(-x)-(-5x)+2\times x}{6}$
$= \dfrac{-3x+5x+2x}{6}$
$= \dfrac{\cancel{4}^{2}x}{\cancel{6}_{3}} = \dfrac{2}{3}x$

㉑ $\dfrac{x+y}{3}-\dfrac{3x-y}{2} = \dfrac{2(x+y)}{6}-\dfrac{3(3x-y)}{6} = \dfrac{2x-9x+2y+3y}{6} = \dfrac{-7x+5y}{6}$

p.151

㉒ $x=-8$ のとき、$-7+\dfrac{x}{4}$ の式の値を求めなさい。

$-7+\dfrac{(-\cancel{8})^{2}}{\cancel{4}_{1}} = -7-2 = -9$　　答え $\boxed{-9}$

㉓ $a=-2$、$b=\dfrac{1}{2}$ のとき、a^2-4b の式の値を求めなさい。

$a^2-4b = (-2)^2-\cancel{4}^{2}\times\left(\dfrac{1}{\cancel{2}_{1}}\right)$
$= 4-2$
$= 2$　　答え $\boxed{2}$

㉔ たてが x cm、横が 7 cm、高さが y cm の直方体の箱があります。$x=6$、$y=3$ のとき、直方体の体積を求めなさい。

$x\times 7\times y = (6)\times 7\times(3) = 126$　　答え $\boxed{126\text{ cm}^3}$

㉕ $2x=-4$
　$x=\dfrac{-\cancel{4}^{2}}{\cancel{2}_{1}}$　　$x=\boxed{-2}$
　$x=-2$

㉖ $-8x=-2$
　$x=\dfrac{-\cancel{2}^{1}}{-\cancel{8}_{4}}$　　$x=\boxed{\dfrac{1}{4}}$
　$x=\dfrac{1}{4}$

㉗ $3x+5x=2$
　$8x=2$
　$x=\dfrac{\cancel{2}^{1}}{\cancel{8}_{4}}$　　$x=\boxed{\dfrac{1}{4}}$
　$x=\dfrac{1}{4}$

㉘ $-x+6x=-9-7$
　$5x=-16$
　$x=-\dfrac{16}{5}$　　$x=\boxed{-\dfrac{16}{5}}$

㉙ $-4x+3=7$
　$-4x=7-3$
　$-4x=4$
　$x=-1$　　$x=\boxed{-1}$

㉚ $6x-3=-15$
　$6x=-15+3$
　$6x=-12$
　$x=-2$　　$x=\boxed{-2}$

㉛ $5x=-3x-6$
　$5x+3x=-6$
　$8x=-6$
　$x=-\dfrac{3}{4}$　　$x=\boxed{-\dfrac{3}{4}}$

㉜ $-4x=3x-14$
　$-4x-3x=-14$
　$-7x=-14$
　$x=2$　　$x=\boxed{2}$

p.152

㉝ 30個のキャンディーを姉と妹で分けます。姉が妹より6個多くもらうとすると、姉と妹それぞれ何個ずつもらうことになりますか。

妹がx個のキャンディーをもらうとすると
$30 - x = x + 6$
$-2x = -24$
$x = 12$(個)
姉のキャンディーの数は
$30 - 12 = 18$(個)

姉: 18個　妹: 12個

㉞ あるクラスで長いすに生徒が4人ずつすわったら8人がすわれず、5人ずつすわったら7人分の席が余りました。このとき、長いすの数とクラスの生徒の人数を求めましょう。

長いすの数をx脚とおくと
$4x + 8 = 5x - 7$
$-x = -15$
$x = 15$(脚)
生徒の数は
$4 \times 15 + 8 = 68$(人)

あるいは生徒の数をx人とおいて
$\dfrac{x-8}{4} = \dfrac{x+7}{5}$ と立式し、
$x = 68$(人) から、$\dfrac{68-8}{4} = 15$(脚)

長いす: 15脚　生徒: 68人

㉟ $0.4x - 1.5 = -0.2x + 0.3$
$4x - 15 = -2x + 3$
$6x = 18$
$x = 3$

$x = 3$

㊱ $0.41x + 1.33 = -0.19x - 0.17$
$41x + 133 = -19x - 17$
$60x = -150$
$x = -\dfrac{150}{60} = -\dfrac{5}{2}$

$x = -\dfrac{5}{2}$

㊲ ある数xの2倍に4をたした数が、xから1を引いた数の5倍に等しいとき、ある数xはいくつになりますか。

$2x + 4 = 5(x - 1)$
$2x - 5x = -5 - 4$
$-3x = -9$
$x = 3$

$x = 3$

㊳ 現在、母の年齢は娘の年齢の5倍ですが、8年後には3倍になります。現在、母と娘はそれぞれ何歳ですか。

娘の現在の年齢をx歳とおくと
$5x + 8 = 3(x + 8)$
$5x + 8 = 3x + 24$
$2x = 16$
$x = 8$(娘の年齢)

母の年齢は娘の年齢の5倍だから
$8 \times 5 = 40$

母: 40歳　娘: 8歳

p.153

㊴ $-x = x - 10$
$-2x = -10$
$x = 5$

$x = 5$

㊵ $-7x - 3 = 2x - 3$
$-9x = 0$
$x = 0$

$x = 0$

㊶ $\dfrac{6}{7}x = -12$
$x = -12 \times \dfrac{7}{6}$
$x = -14$

$x = -14$

㊷ $-\dfrac{3}{8}x = \dfrac{9}{10}$
$x = -\dfrac{9}{10} \times \dfrac{8}{3}$
$x = -\dfrac{12}{5}$

$x = -\dfrac{12}{5}$

㊸ $\dfrac{5}{7}x + 3 = -\dfrac{4}{7}$
$-5x + 21 = -4$
$-5x = -25$
$x = 5$

$x = 5$

㊹ $\dfrac{3}{4}x - \dfrac{1}{6} = \dfrac{7}{12}$
$9x - 2 = 7$
$9x = 9$
$x = 1$

$x = 1$

㊺ A君は自転車に乗って時速12kmで川へ釣りに出かけました。30分後、忘れものに気づいた母は車に乗って時速48kmでA君を追いかけました。母がA君に追いついたのは家から何kmの地点ですか。

母がA君に追いついた地点を家から$x$kmの地点とする。
$\dfrac{x}{12} = \dfrac{x}{48} + \dfrac{30}{60}$
$4x = x + 24$
$3x = 24$
$x = 8$

答え 8km

㊻ ある商品に原価の25％の利益を見込んで定価をつけましたが、「100円値引きセール」を実施したところ、利益は300円になりました。この品物の原価はいくらですか。

品物の原価をx円とおくと
$\dfrac{125}{100}x - 100 - x = 300$
$x = 1600$

答え 1600円

㊼ $\dfrac{1}{2}x - 4 = -\dfrac{1}{4}x - 2.5$
$10x - 80 = -5x - 50$
$15x = 30$
$x = 2$

$x = 2$

㊽ $0.6 - 0.1x = \dfrac{4}{5}x - 3$
$6 - x = 8x - 30$
$-9x = -36$
$x = 4$

$x = 4$

㊾ $-\dfrac{4x-2}{5} = -\dfrac{3x-5}{2}$
$-2(4x - 2) = -5(3x - 5)$
$-8x + 4 = -15x + 25$
$7x = 21$
$x = 3$

$x = 3$

㊿ $\dfrac{x+5}{6} - \dfrac{x-4}{3} = 1 - \dfrac{2}{5}x$
$5(x + 5) - 10(x - 4) = 30 - 12x$
$5x + 25 - 10x + 40 = 30 - 12x$
$-5x + 12x = 30 - 65$
$7x = -35$
$x = -5$

$x = -5$

小河　勝（おごう・まさる）

1944年大阪市生まれ。1970年信州大学文理学部卒業。長年、公立中学校における基礎学力回復の取り組みにかかわり、何人もの子どもを立ち直らせ、将来を切り開く学力をつけさせた。その実践から『未来を切り開く学力シリーズ』の『小河式プリント　中学数学基礎篇』『小河式プリント　中学国語基礎篇』を執筆、大ヒットとなる。全国の各自治体の学力回復のプロジェクトにかかわり、現在は大阪府教育委員をつとめる一方、このシリーズを使った学習塾「小河学習館」を主宰している。

http://www.ogom.jp
E-mail m-ogo@kcn.ne.jp

編集協力	図書啓展先生
	川岸雅詩先生
	西本一郎先生
	中本祐二先生
	永田恭子先生
	塚根健司先生
	鈴木ひとみ
	田中幸宏
	鈴木健一郎
	（株）河源社
本文デザイン	AD CREATORS HOT
装幀	坂田政則

未来を切り開く学力シリーズ
小河式プリント　中学数学基礎篇 改訂新版

2010年7月30日　第1刷
2021年2月25日　第10刷
著　者　小河　勝
発行者　島田　真
発行所　株式会社　文藝春秋
　　　　東京都千代田区紀尾井町3-23（〒102-8008）
　　　　電話（03）3265-1211
印　刷　大日本印刷
製本所　DNP書籍ファクトリー

・定価はカバーに表示してあります。
・万一、落丁乱丁の場合は送料当社負担でお取替えいたします。
　小社製作部宛お送りください。

© Masaru Ogo 2010　Printed in Japan　ISBN978-4-16-372810-0